아파치 최후의 추장

제로니모

아파치 최후의 추장 제로니모

ⓒ 이성아, 2009

초판 1쇄 인쇄일 | 2009년 8월 20일
초판 1쇄 발행일 | 2009년 8월 24일

지은이 | 이성아
펴낸이 | 강병철
편집장 | 정은영
펴낸곳 | 이룸
그　림 | 김정욱
편　집 | 장정원 · 유석천 · 정내현
디자인 | 전의숙
제　작 | 시명국 · 김상윤
영　업 | 조광진 · 김영웅

출판등록 | 1997년 10월 30일 제10-1502호
주소 | 121-840 서울시 마포구 서교동 395-172 상록빌딩 2층
전화 | 편집부 (02)324-2347, 영업부 (02)322-9674
팩스 | 편집부 (02)324-2348
e-mail | erum9@hanmail.net
Home Page | www.jamo21.net
　　　　　www.jamomall.com

ISBN 978-89-5707-460-2 (44990)
　　　 978-89-5707-093-2 (set)

33 청소년평전

아파치 최후의 추장

제로니모

이성아 지음

이룸

| 차 례 |

프롤로그

1885년 봄, 미국 애리조나 주.

"제로니모가 탈출했다."

"인간 호랑이가 정글로 돌아갔다."

미국 언론은 일제히 같은 제목의 특종을 머리기사로 다루며 비명을 질러 댔다.

아파치 인디언, 제로니모. 신출귀몰하는 작전으로 백인과 멕시코인을 소요로 몰아넣은 전사. 제로니모는 아파치 부족의 대를 이어 내려오던 전설 속의 전쟁 주술사이자 언제나 최전방에서 전사들을 이끌었던 지도자이다. 백인과 멕시코인에 대한 복수와 증오를 한 번도 내려놓지 않았던 제로니모!

미국인들에게 제로니모는 피를 부르는 이름이었다. 그가 가는 곳에는 소요와 습격, 살해와 약탈이 뒤따랐다. 몇 차례의 우여곡절과 숨바꼭질 끝에 간신히 속임수로 그를 수용소에 잡아넣는데 성공했으나, 몇 달 만에 유유히 탈출해 버렸다. 미국 남서부 전역이 비상사태에 돌입했다. 미 국방부는 신속하게 미군 5천 명을 투입했다. 이 병력은 미군 전투 병력의 3분의 1에 가까운 숫자였다. 여기에 5백 명의 아파치 정찰병과 수천 명의 비정규 민병까지 동원했다. 지역 군벌과 자경단, 1만 명 이상의 미 육군 순찰대가 남서부 평원과 산악 지대를 물샐틈없이 뒤지며 제로니모를 찾았다.

하지만 언제나 그러했듯이 제로니모는 사라지고 말았다.

콜럼버스가 앤틸리스 제도에 닻을 내린 것은 1492년 가을이었다. 백인들에게는 신대륙의 발견이었으나 원주민인 인디언들에게는 비극의 시작이었다.

처음에 산살바도르 섬의 타이노족은 그들의 방식대로 예의를 갖추어 손님을 대접했다.

콜럼버스는 스페인 왕에게 다음과 같은 서한을 보냈다.

"이들은 아주 평화롭고 유순합니다. 전하께 맹세하오니 세상에 이보다 나은 백성은 없을 것입니다. 이들은 이웃을 제 몸과 같이 사랑하며, 말은 부드럽고 상냥할 뿐만 아니라 언제나 미소를 짓고 있습니다. 벌거벗고 있기는 하지만 예의 바르고 훌륭한 태도를 지니고 있습니다."

그러나 스스로를 문명인이라고 자부하던 백인들은 이들의 평화롭고 유순한 태도가 미개함과 무지에서 비롯되었다고 생각했다. 백인들은 친절과 헌신으로 인디언을 개종시키고 계몽하고자 했다. 당하는 입장에서 보면 서구적인 생활 방식과 종교를 받아들이라는 강요였다. 그러나 그 뒤에 숨겨진 음모와 비극을 생각하면 그것은 서곡에 지나지 않았다.

백인은 처음에 종교적인 이유에서 메이플라워호를 타고 신대륙으로 건너왔다. 하지만 금광을 발견하자 그들은 더 많은 황금, 더 많은 땅에 대한 거침없는 욕망을 숨김없이 드러냈다. 처음 원주민 지도자들은 백인 이주자들에게 금이나 땅을 떼어 주고 조약을 맺어 환심을 사려고 했다.

대지는 위대한 정령이 내려 주셨으며 하늘과 같이 무한한 것이기에 어느 한 사람의 소유가 될 수 있는 것이 아니었다. 인디언에게는 '소유'라는 개념 자체가 존재하지 않았다. 그들은 단지 이상한 관습을 가진 백인의 기분을 맞추기 위해서 땅을 넘겨주는 의식을 거행하고 그들이 만든 문서에 서명했다. 하지만 뒤를 이어 몰려드는 백인 이주민들은 그런 의식조차 하려 하지 않았다. 그들의 욕망이 결코 채워질 수 없다는 사실을 깨달았을 무렵에는 이미 늦어 버렸다. 인디언은 백인의 등쌀에 못 이겨 광야로 밀려나고 있었다. 인디언도 호락호락하지만은 않았지만 백인을 제대로 이해하지 못했다.

왐파그노족의 대추장 메타콤은 백인이 저지른 숱한 오만무례한 행동에 격분했다. 그는 인디언이 힘을 합쳐 싸우지 않는다면 모든 인디언 부족이 멸망할 것이라고 예견했다. 그 사실을 눈치챈 백인은 메타콤에게 필립이라는 영어 이름을 주고 왕으로 봉했다. 그러나 메타콤은 다른 인디언 부족들과 동맹을 맺는데 모든 노력을 다했다.

1675년, 드디어 메타콤은 인디언을 멸족에서 구하기 위해 전쟁을 일으켰다. 메다콤과 일당은 백인 정착촌 52개소를 공격해 12개 마을을 완전히 파괴했다. 전투가 길어지면서 왐파그노족과 내러갠싯족은 거의 멸족되다 싶이 했다. 백인들의 화력 무기를 당해낼 수는 없었던 것이다.

사살된 필립 왕의 두개골은 20년 동안 플리머스 네거리에 전시되었다. 그의 아내와 어린 아들을 비롯한 아녀자들은 서인도제도에 노예로 팔려갔다.

백인의 이런 만행은 200년 이상 계속되었다.

동부 인디언 가운데 가장 강하고 일찍 깨었던 이로쿼이족은 평화를 원했지만 헛수고였다. 일정한 지역의 땅이 영구히 그들의 것이 될 것이라는 거짓 약속을 믿었으며, 백인이 그 모든 땅을 남김없이 차지하고자 한다는 사실을 너무나도 뒤늦게 알아챘다. 피비린내 나는 전투 끝에 그들에게 남겨진 것은 주거 지역 안에서의 치욕적인 삶이었다. 마이애미족도 백인과 숱한 전투를 벌이고 숱한 조약에 서명한 뒤에 기름진 오하이오 계곡의 땅을 다 내주었다. 백인이 인디언령이라고 명명했던 땅은 오클라호마가 되었고, 이로쿼이존의 땅은 뉴욕 주가 되었으며 '검은 언덕'은 사우스다코다가 되었다. 문자가 없는 인디언들은 그런 지명이 무엇을 의미하는지도 몰랐다.

이런 조약조차도 1829년 앤드루 잭슨이 미국 대통령이 된 후에는 아주 사소한 사건에 불과했다. 대통령이 되기 전, 그는 이미 부하들을 이끌고 수천 명에 이르는 체로키족, 치커스족, 크리크족, 세미놀족을 살해한 전력이 있었다. 인디언들은 그를 비수比틀라고 불렀다.

잭슨이 대통령이 된 후, 의회에 보낸 첫 교서는 모든 인디언을 미시시피 강 서쪽으로 이주시키라는 내용이었다.

"인디언이 미시시피 강 서부의 풍요한 땅에 살고 있는 이상 그들에게 그 지역을 차지할 권리를 보장해 줄 것을 제안합니다."

이것 역시 백인의 숱한 약속 위반 목록에 하나를 더 보태는 것에 불과했다. 앤드루 잭슨은 이번 약속만은 틀림없이 지킬 것이라고 큰소리쳤다. 어쨌든 쓸모없이 떠도는 유목민과 백인은 같은 땅에서 살 수 없으므로 미시시피 강이 영구적인 인디언 경계선이 될 것이라고 했다. 이 법에 의하면 백인들은 이 지역에 거주할 수 없으며 교역을 하려면 반드시 허가를 받아야 하고, 위반할 시 처벌받도록 되어 있었다.

그러나 이 법이 시행되기도 전에 새로운 백인 이주자의 물결이 서쪽으로 몰려왔다. 워싱턴의 입법자는 영구적인 인디언 경계선을 미시시피 강에서 서경 95도로 변경해야 했다. 그리고 공식적인 이주 정책이 시행된 후 5년이 채 안되어 인디언은 그동안 살던 주거 지역을 다시 내주어야 했다. 체로키족을 시작으로 오타와족, 포타와토미족, 위안도트족, 키카푸족, 위네바고족, 델라웨어족, 페오리아족과 마이애미족이 그 뒤를 이었다.

그리고 머지않아 캘리포니아 주에서 금이 발견되자 벼락부자를 꿈꾸는 백인들이 수천 명씩 떼를 지어 인디언 지역을 가로질렀다.

백인이 원하는 것은 더 많은 땅, 더 많은 황금일 뿐이었다. 그것을 위해 '풀잎이 자라는 한' 수많은 조약이 맺어지고 깨어졌다. 인디언들은 '죽기에 좋은 날입니다' 라는 오래된 그들만의 작별 인사를 남기고 전투에 휩쓸렸다. 인디언은 '땅과 풀' 만이 영원하며 그 어떤 것도 오래 남지 않는다고 믿었다. 그러나 그것마저도 백인들에 의해 뿌리 뽑히고 말았다.

악에 받친 다코타족이 들고일어나 백인 500명을 살해한 사건이 있었다. 전 미국이 충격에 빠졌다. 백인들은 군대를 소집해 이들을 쓸어버릴 공격 태세를 갖췄다. 남북 전쟁의 영웅들이 이 작전의 지휘관이 되었다. 그중 한 명인 윌리엄 테쿰세 셔먼 장군은 '인종 말살만이 유일한 해답'이라며 군인다운 의지를 보였다. '올해 우리가 더 많이 죽일수록 내년에 죽일 숫자가 그만큼 줄어든다'는 게 그의 지론이었다.

코만치족 추장이 부족을 이끌고 투항할 때였다. 추장은 공손하게 자신의 이름을 말하고 떠듬떠듬 영어로 두 마디를 보탰다.

"토사위, 좋은 인디언."

이때 인디언 학살에 있어서 셔먼과 어깨를 겨루던 필립 셔리던 장군은 역사에 길이 남을 말을 남긴다.

"내가 아는 좋은 인디언은 다 죽었어."

이 말은 좋은 인디언은 다 죽고 없다는 것이 아니라 인디언은 죽어야 좋은 인디언이 된다는 의미였다. 즉, 좋은 인디언은 죽은 인디언뿐이라는 뜻이었다.

셔먼과 셔리던은 인디언을 가장 빠르고 확실하게 몰살해 버릴 수 있는 방법은 그들의 생계원을 파괴해 버리는 것이라는 신념을 가지고 있었다.

"풀이 없다는 건 버팔로가 없다는 것이고, 버팔로가 없다는 건 인디언이 없다는 거라고. 아주 간단해."

역사상, 그들보다 능률적으로 인디언을 학살한 사람은 없었고, 앞으로도 없을 것이다.

1883년이 되자 무수히 평원을 노닐던 들소 떼의 도살도 끝이 났다. 그와 함께 인디언의 숫자도 3분의 1로 줄었다. 캘리포니아 주에서 금이 발견되었을 때만 해도 그곳 인디언 인구는 10만 명 정도였으나 불과 10년 사이에 3만 명 정도로 줄어든 것이다.

아파치족은 미국의 건조한 남서부에 살고 있었다. 그들은 여러 지파로 갈라져 있었고 6천 명도 채 안되는 소수 부족이었다. 그러나 250년이 넘는 세월 동안 스페인 사람들에게 대항해 게릴라전을 펼쳐 온 악착같은 부족이었다. 스페인 사람은 머리 가죽을 벗기고 사지를 자르는 등 끔찍한 극형으로 아파치족을 누르려고 했지만 오히려 그들에게 그런 잔혹한 기술을 가르쳐 준 결과만 초래했다. 그들은 점점 거칠고 가혹하며 난폭해 졌다. 특히 부족과 땅을 지키기 위해서 똘똘 뭉치는 용맹함으로 명성이 자자했다.

그중에서 가장 두드러진 인물이 제로니모였다.

하품하는 사람

여기 아이를 잠자리에 눕히네

이 아이가 생명을 주는 대지를 알게 되기를

좋은 생각을 갖고 아이에서 어른으로 자라게 되기를

아름답고 행복한 사람이 되기를!

선한 가슴을 갖고, 그 가슴에서 좋은 말만 나오기를

아이에서 청년으로, 청년에서 어른으로 자라게 되기를

그리하여 늙었을 때 모두가 그를 존경하게 되기를

아름답고 행복한 사람이 되기를!

— 시아족의 〈갓 태어난 아이를 위한 기도〉 중에서

아이가 태어났을 때 어머니는 아이가 태어난 바로 그 자리에 아이를 누이고 사방으로 굴렸다. 아버지는 어머니가 진통할 때 무릎을 꿇었던 담요에 갓난아이를 싸서 가까운 나뭇가지에 올려놓았다. 그리고 나무에 대고 노래했다.

"이 아이가 자라서 열매 맺는 모습을 수십 번 볼 수 있기를……."

"이 아이가 자라서 꽃으로 나무를 판단하기를……."

"이 아이가 자라서 열매로 그 꽃을 판단하기를……."

"이 아이가 자라서 나무와 숲의 언어를 배울 수 있기를……."

이것으로 아이가 태어난 장소는 성스러운 곳이 된다. 이렇게 아이들이 태어나고 부족이 커질수록 그들의 터는 신성한 장소로 가득 차게 된다. 나무 한 그루, 시냇물의 조약돌조차 의미를 갖게 된다. 그곳의 흙은 평범한 흙이 아니다. 조상의 피와 살과 뼈로 이루어진 것이다. 인디언의 삶의 뿌리는 바로 그 자연 속에 있었다. 그들은 본능적으로, 의식적으로 대지와 하나가 되는 삶을 살았다. 오직 대지와 연결 지었을 때만 그들의 존재가 설명될 수 있다. 신비로운 대지의 기운은 부족민을 끈끈하게 이어 주었다.

어른이 된 후에도 그곳으로 돌아가 동서남북으로 몸을 굴려 자기 존재의 근원을 유지하거나 소생시키곤 했다. 땅은 전설과 신화와 일상생활 속에서 인디언에게 말을 걸어 그들이 누구이며 어디

에서 솟아났는지를 상기시켜 주었다.

아이는 나뭇가지에 걸린 초치아파치족이 사용하는 아기 바구니에 매달려 지냈다. 나뭇잎 사이로 햇빛이 환하게 비쳐 들었다. 바람은 요람을 흔들어 아이를 재웠다. 어린아이의 눈에는 언제나 푸른 하늘이 아른거렸고, 연녹색 이파리가 흔들렸다. 햇살이 내려앉아 따사로운 요람에는 생명의 기운이 넘쳤다. 그렇게 자라난 아이에게 태양과 바람, 나무는 자신의 호흡처럼 익숙한 것이 되었다. 아이가 자라 어른이 된 후에도 그것은 어머니의 태처럼 친근한 풍경으로 남아 있었다.

어머니는 아이에게 부족의 전설을 가르쳐 주었다.
"태초에 세상은 어둠으로 덮여 있었단다. 해도 없고 낮도 없었지. 끝없는 밤이 이어질 뿐, 달도 별도 없었단다. 대신에 동물이 있었지. 용과 사자와 호랑이, 늑대, 여우, 해리, 토끼, 다람쥐, 들쥐, 생쥐는 물론 수많은 이름 모를 끔찍한 괴물이 있었단다. 그 밖에도 도마뱀과 뱀같이 땅을 기어 다니는 것들이 있었지. 사람들은 그 속에서 살아갈 수가 없었어. 사람이 자식을 낳으면 그 자식을 짐승과 뱀이 모두 죽여 버렸기 때문이란다."
모든 동물은 말하는 능력이 있었고 이성을 부여 받았다. 두 부류의 동물이 있었다. 새, 즉 깃을 가진 부류와 날지 못하는 부류의 짐 승이었다. 새들은 독수리를 추장으로 삼았다.

이 두 종족은 회의를 열었다. 새들은 빛을 받아들이기를 원했으나 짐승들이 거부했다. 새들은 짐승과 싸움을 벌였다.

짐승들은 몽둥이를 들었고 독수리는 새들에게 활과 화살을 쓰는 법을 가르쳤다. 뱀은 아주 영리해서 다 살해되지는 않았다. 뱀 한 마리가 애리조나 주에 있는 수직으로 깎아지른 절벽으로 피했다. 그 뱀의 눈은 반짝이는 돌로 변해 오늘날까지도 바위 한 가운데 박혀 있다.

가장 끔찍하고 악독한 괴물 한 마리는 화살이 통하지 않았다. 독수리는 하늘 높이 올라가 괴물의 머리에 둥글고 흰 돌을 떨어뜨려 단번에 죽였다. 이것은 대단히 신성한 승리였다. 그래서 사람들은 독수리의 깃을 꽂아 지혜와 정의, 그리고 힘의 상징으로 삼았다. 여러 날 동안 싸운 끝에 마침내 새들이 승리를 거두었다. 그러나 용을 죽일 수가 없었다. 뿔이 난 네 겹의 비늘로 덮여 있었기 때문이었다. 화살도 용의 비늘은 꿰뚫을 수 없었다.

전쟁이 끝난 뒤에도 못된 짐승이 여럿 남아 있었지만 새들이 회의를 좌우할 수 있었기 때문에 빛을 받아들였다.

살아남은 몇 안 되는 인간 가운데 축복받은 부인이 있어 많은 아이들을 두었지만 짐승들에게 모두 죽임을 당했다. 천신만고 끝에 짐승들을 피하고 나면 아주 영리하고 못돼 먹은 용이 쳐들어와 아이들을 잡아먹곤 했다.

여러 해 뒤에 뇌우천둥소리와 함께 내리는 비의 아들을 낳은 여자는 아이를 숨기려고 깊은 동굴을 팠다. 여자는 이 동굴의 입구를 막아 놓고 그 위에 모닥불을 피웠다. 모닥불은 아이가 숨은 곳을 가려 주고 따뜻하게 해 주었다. 여자는 매일 모닥불을 치우고 나서 동굴로 내려갔고 아이를 돌본 뒤에는 올라와서 다시 모닥불을 피웠다.

용이 자주 찾아와서 물어보았지만 여자는 "애들은 이제 없어요. 당신이 다 잡아먹어 버렸어요"라고 말하곤 했다.

아이가 자라자 동굴에 머물러 있으려고 하지 않았다. 하루는 아들이 사냥을 하러 가고 싶다고 말했다. 용의 간계와 위세를 잘 알고 있는 어머니는 아들을 말렸다. 그러나 그 이야기를 듣고도 아들은 "내일은 꼭 사냥하러 갈 거야"라고 말했다.

작은 활과 화살 몇 개를 가지고 사냥을 떠난 아이는 산꼭대기에서 수사슴 한 마리를 잡았다. 바로 그때 거대한 용 한 마리가 모습을 나타내더니 사슴을 빼앗았다.

"네 녀석이 바로 내가 찾던 그 아이로구나. 너는 잘생기고 살도 쪘으니 이 사슴 고기는 내가 먹어야 겠다. 그러고 나서 네 놈도 먹을 테다."

그러나 아이는 조금도 겁먹지 않고 말했다.

"그럴 수는 없을걸. 나를 삼키기는 커녕 사슴도 못 먹을 거야."

"사슴을 빼앗을 수 있을 것 같으냐?"

아이가 재빨리 사슴 고기를 도로 가져왔다.

"용기는 가상하다만 어리석구나. 네가 무얼 할 수 있겠느냐?"

아이가 말했다.

"나와 싸워 볼 테냐?"

용이 대답했다.

"좋아. 하자는 대로 해 주지."

아이는 이렇게 제의했다.

"내가 백 걸음 떨어져 있을 테니 화살로 나를 네 번 쏘아라. 그 다음엔 서로 자리를 바꿔 내가 너에게 화살 네 대를 쏘겠다."

용은 "좋다, 일어서라"라고 말하면서 커다란 소나무로 만든 활을 집어 들었다. 용은 신중하게 화살을 날렸다. 화살이 시위를 떠나는 순간 아이는 괴상한 소리를 지르며 공중으로 뛰어올랐다. 그러자 화살이 떨리면서 수천 조각으로 부서졌다. 아이는 용이 조준한 장소 위 밝게 비치는 꼭대기에 서 있었다. 무지개는 사라지고 아이는 다시 땅으로 내려왔다. 용이 화살을 쏠 때마다 이런 일이 되풀이되었다. 아이가 말했다.

"이번에는 내가 쏠 차례다."

"좋아, 네 작은 화살로는 뿔로 된 비늘 한 겹도 뚫지 못할 거야.

운이 좋아 한 겹을 뚫는다 해도 그 밑에는 세 겹이나 더 있어. 마음 대로 쏘아 봐.”

용이 장담했다.

아이가 화살을 쏴 용의 심장 바로 위를 맞췄다. 커다란 뿔 비늘 한 겹이 땅에 떨어졌다. 다음 화살이 두 번째 비늘을 떨어뜨렸고, 그 다음 화살이 세 번째 비늘을 맞추자 용의 가슴이 드러났다. 그러자 용은 벌벌 떨면서 한 발짝도 움직이지 못했다. 아이는 네 번째 화살을 정확히 조준해 쏜살같이 날렸다. 화살은 용의 심장을 꿰뚫었다. 용은 소름끼치는 비명을 지르며 네 개의 절벽을 지나 산기슭 아래 협곡으로 굴러떨어졌다.

갑자기 비구름이 산을 뒤덮더니 번개가 번쩍였다. 천둥이 치고 비가 쏟아져 내렸다. 비구름이 지나가자 멀리 협곡 아래 갈기갈기 찢어진 용의 시체가 바위틈에 널브러져 있는 것이 보였다. 지금도 그곳에 가면 그 용의 뼈를 볼 수 있다.

“이 소년이 바로 아파치란다. 인디언의 신인 유센은 그에게 풀을 약으로 쓰는 법과 사냥하고 싸우는 법을 가르쳐 주었지. 인디언 최초의 추장이었던 그는 정의와 지혜, 권능의 상징으로 독수리 깃을 달았어. 그와 부족민이 이 세상에 태어났을 때 유센은 서부의 땅을 고향으로 삼도록 했단다. 아파치와 아파치의 터전은 이렇게 유센에 의해 창조된 것이란다. 이 두 가지는 서로를 위해 창조되었으며 뗄래야 뗄 수 없는 관계지. 자신의 터전에서 쫓겨나게 되면 아파치는 병들거나 죽어 버리게 돼. 태초에 이렇게 시작되었단다."

어머니는 아이에게 해와 하늘, 달과 별, 구름과 태풍에 대해서도 이야기해 주었다. 힘과 건강과 지혜를 주는 유센에게 기도하는 법도 가르쳐 주었다.

밤과 낮을 쉬지 않고 운항하는 어머니 대지에게 고마움을 전합니다.
다른 별에는 없는 온갖 거름을 지닌 부드러운 흙에게 고마움을 전합니다.
우리 마음도 그렇게 되게 하소서.

"기도는 우리를 보호해 달라고 하는 것이란다. 결코 남이 잘못되기를 빌어서는 안 된다. 왜냐하면 유센은 사람끼리의 사소한 싸움은 눈여겨보지 않기 때문이야."

누군가에게 부당한 일을 당하면 직접 자기 손으로 복수하는 것이 아파치에게는 당연한 일로 여겨졌다. 아파치에게 감옥은 없었다. 범죄자를 가두지 않고, 부족에서 쫓아냈다. 부족민에게 의리가 없거나 게으르며 비겁한 자는 다른 어떤 부족에도 끼지 못하고 배척당했다. 아버지는 아들에게 전사들의 용감한 행동이나 전투의 영광, 사냥의 즐거움에 대해 이야기해 주었다.

아버지는 아이에게 이름을 지어 주었다.

고야슬레이, '하품하는 사람'이라는 뜻이었다.

강 상류에 있는 계곡에 그들의 오두막이 있었다. 계곡의 평평한 곳에 밭을 일구었고 사방으로 펼쳐진 드넓은 평원은 목장이 되었다. 바위로 된 동굴은 이 세상에서의 삶을 마친 이들이 돌아가는 곳이었다.

아이는 그곳에서 형제자매들과 함께 놀면서 자랐다. 바위 뒤나 숲 속에서 술래잡기를 하기도 했고, 미루나무 그늘 아래를 쏘다니거나 슈독^{야생} 체리을 채집하기도 했다. 사내아이들은 몰래 마을을 빠져나가 멀리 떨어진 곳에서 하루 종일 놀다 돌아오기도 했다. 어른들에게 들켜도 벌은 받지 않았다. 놀림을 받는 정도였다.

조금 자라서는 부모를 따라 밭에서 일을 했다. 농작물은 꼭 필요한 만큼만 심었다. 똑바로 낸 이랑에 줄을 맞춰 옥수수를 심고 그 사이에 콩도 심었다. 멜론과 호박도 심었다. 한 골짜기에서 여러 가족들이 함께 땅을 경작했고, 말이나 사슴이나 다른 들짐승이 곡식을 해치지 않도록 다 같이 밭을 지켰다. 울타리는 치지 않았다.

호박과 콩은 가을에 거둬들여 자루나 바구니에 담아 두었다. 옥수수를 따면 껍질째 줄줄이 엮어 말 등에 실은 뒤 집까지 날라 왔다. 옥수수는 알을 털어 겨울에 먹을 수 있게 동굴이나 외떨어진 곳에 저장해 놓았다. 가축은 개와 말만 길렀고 소 같은 짐승은 키우지 않았다.

담배를 따로 심지는 않았다. 야생 상태에서 자란 담배를 가을에 베어 말렸다. 인디언은 남녀 할 것 없이 모두 담배를 피웠다. 아이들은 혼자서 사냥을 나가 늑대나 곰 같은 큰 동물을 사냥하기 전까지는 담배를 피우지 못했다. 결혼하지 않은 여자가 담배를 피우는 것을 금하지는 않았지만 아무래도 버릇없는 여자 취급을 받았다. 결혼한 여자들은 거의 대부분 담배를 피웠다. 서로 친해지고 싶을 때는 한 대의 담배를 돌려 피웠다.

소년 전사

고야슬레이는 1829년 6월, 애리조나 주의 노요돈 계곡에서 태어났다. 그곳은 천년 세월 동안 깊이 파인 협곡이다. 기슭은 산꼭대기에서 시냇가까지 무너져 내린 돌무더기로 뒤엉켜 있다. 군데군데 보이는 흙은 짙은 갈색이다. 주위가 소나무와 노간주나무 그리고 포플러나무로 빽빽이 우거진 숲이다. 이 사이로 힐라 강의 지류인 미들포크가 흐른다. 모골론 산에서 흘러나오는 이 시냇물은 언제나 수량이 풍부하고 맑다. 햇빛과 공기는 서릿발처럼 맑고 차다.

고야슬레이가 태어나기 전, 이들 부족의 영토는 멕시코의 소노라와 치와와 주까지 뻗어 있었다. 그러나 아파치에게 이름 같은 건 중요하지 않았다. 고야슬레이가 태어났을 때 애리조나 주나 뉴멕시코 주 같은 지명 따위는 없었다. 멕시코 정착민은 끊임없이 그들의 소유권을 주장했지만 그것은 백인들의 문자로 기록된 문서일 뿐이었다. 아파치에게 중요한 것은 그들의 출생지이며 영역이었다. 그것은 사고파는 게 아닐 뿐더러 그 이상의 가치를 가진 것이었다. 마치 탯줄처럼.

저녁이 되면 아버지는 고야슬레이를 앉혀 놓고 말하곤 했다.

"마코는 내 아버지, 그러니까 마코는 네 할아버지다. 그는 위대한 전사로 네드니 아파치의 추장이셨다."

고야슬레이는 할아버지를 본 적이 없었다. 아버지는 이따금 그 늙은 전사의 우람한 몸집과 놀라운 힘과 슬기로움에 대해 이야기했다.

"나는 베돈코에 아파치인 네 어머니와 결혼하면서 추장이 될 권리를 포기하고 네 어머니를 따라 이곳으로 왔다. 그래서 우리는 지금 베돈코에 아파치이지만 추장 가족이 아니다. 남자는 여자와 함께하기 위해 여자 부족을 따라야 한다. 남자는 대지에 뿌려진 씨앗과 같다. 남자는 전쟁으로 쉽게 죽는다. 살아남는 쪽은 여자이며 그들은 아파치에게 생명을 준다. 이건 아주 중요한 문제다. 아파치는 숫자가 그리 많지 않으니까."

아버지는 손을 앞으로 내밀었다.

"우리는 치리카우아족이다. 베돈코에는 치리카우아족의 한 지파이다. 보아라, 우리는 이렇게 각각 떨어진 손가락과 같다. 베돈코에, 네드니, 치엔네, 초코넨, 치엔아에, 그리고 톤토, 지카리라, 메스칼레로, 밈브레스 등도 우리 지파이다. 하지만 우리는 모두 아파치다. 우리는 이렇게 작은 무리를 지어서 살아야 한다. 한 무리가 적에게 몰살당하더라도 다른 무리들은 살아남을 수 있도록. 그러나……"

아버지가 손가락을 오므려 주먹을 쥐었다.

"싸우기 위해서는 함께 모인다."

아버지의 표정은 부드러웠지만 낮게 울리는 목소리에는 굳은 의지가 깃들어 있었다.

"이 세상에서 너를 돌봐 줄 사람이 아무도 없다는 것을 알아야만 한다. 너는 무엇인가를 해야 해. 산까지 달려갔다가 되돌아오면 강해질 것이다. 아들아, 어느 누구도 네 친구가 아니다. 네 누이나, 아버지나, 어머니마저도. 너의 다리가 네 친구이고 머리가 네 친구이고 눈이 네 친구이고 머리카락이 네 친구이고 손이 네 친구이다. 너는 네 친구와 함께 무엇인가를 해야 한다. 언젠가 너는 굶주리는 사람들과 함께 있게 될 게다. 그러면 그 사람들에게 먹을 것을 얻어다 주어야 한다. 어딘가를 가다가 적이 공격해 오면 언덕 위로 올라오기 전에 물리쳐야 한다. 놈들이 너를 쓰러뜨리기 전에 그자들을 죽인 후 끌고 와야 한다. 그러면 부족의 모든 사람들이 너를 자랑스러워 할 거야. 너는 유일무이한 사람이 될 것이다. 모든 사람의 입에 오르내리게 되는 것이다. 그렇기 때문에 네게 이렇게 말하는 것이다."

세상 이치를 알 만한 나이가 되었을 때 고야슬레이는 적이 누구인지 들을 수 있었다. 당시 그들의 적은 멕시코인이었다. 멕시코인은 죽음을 의미했다.

"항상 적을 조심해야 된다. 우리가 저들과 싸우지 못한다면 우리의 어머니, 누이, 딸은 멕시코 놈의 노예가 되고 만다. 노예가 된다는 건 영혼을 잃어버리는 것이다. 영혼을 잃어버린다는 건 먹고 자는 일밖에 할 줄 모르는 짐승과 똑같이 되는 것이다. 그들을 믿어서는 안된다. 결코! 그들은 떡 먹듯이 말을 바꾸는 자들이다. 아파치족에게 메스칼 주를 먹여 취하게 한 뒤 뒤에서 공격하는 자들이다."

아파치가 사나운 전사가 된 것은 멕시코인의 노예사냥 원정 때문이었다.

멕시코인은 치리카우아족보다 훨씬 좋은 무기로 무장하고 있었다. 치리카우아족들은 원래 곤봉과 창, 활과 화살로 사냥을 했다.

또한 살해를 당하면 반드시 복수를 하는 것이 치리카우아족의 문화였다. 용사들은 슬픔에 잠겨 있을 새도 없이 즉시 무리를 모아 멕시코로 내려가 전투를 벌였다. 치리카우아족은 곧 전쟁 기술에 능숙해졌고 멕시코를 넘나들 무렵에는 뛰어난 전사가 되어 있었다.

멕시코인은 그들이 매우 적대적이고 수완이 뛰어나다는 것을 알고는 아파치족의 머리 가죽에 현상금을 걸었다. 아파치족들이 머리 가죽을 벗기는 행위는 이때 배운 것이었다.

아파치는 멕시코인을 농락하면서 북쪽 산악의 은거지로 사라지곤 했다. 추격과 습격, 증오와 복수의 오랜 악순환이 그렇게 되풀이되었다.

소년은 새벽이 오기 전에 일어나 멀리 보이는 산을 향해 달려갔다. 어느 날 아침에는 얼음을 깨고 물속으로 들어가라는 명령을 받는다. 물을 입안에 가득 담고 흘리거나 삼키지 않고 16킬로미터 정도를 달리는 날도 있다. 동무들과 레슬링 시합을 해서 육박전에 필요한 민첩함과 강인한 기질을 발휘하지 못하면, 뼈가 부러지거나 눈이 멀게 되는 벌을 받기도 한다(제로니모의 구술로 쓰여진 자서전에 나오는 대목). 훈련은 전쟁터에서 뛰어난 전사로 인정받은 사람이 감독했다. 감독관은 엄격했고 훈련은 가혹했다. 이것은 놀이가 아니라 생존의 문제이기 때문이다.

치리카우아족은 소년이 되면 이렇게 습격과 전투에 관한 예비 훈련을 받기 시작한다. 남자는 가슴을 두툼하게 키워 지칠 줄 모르고 달리며 솜씨 좋게 가축을 몰아오고 날렵하게 몸을 피해 숨고 육박전에 뛰어난 전투원이 되도록 길러졌다. 여자는 마을의 천막을 재빨리 걷었다가 새로운 곳에 다시 치는 일과 아이를 기르고 말을 능숙하게 돌보는 것을 당연한 일로 알았다. 백인과 아파치 사이에 혹독한 전투가 벌어지던 시절에는 사내와 같이 말을 타고 달리는 여인도 있었다. 그들 중 몇몇은 전사의 영예를 얻기도 했다.

일곱 살이 될 즈음, 고야슬레이는 아파치 아이가 하는 놀이에서 가장 뛰어난 능력을 보였다. 아이들은 서로 마주 보며 길게 줄을 서서 돌멩이를 던졌다. 적들이 쏘는 총알이나 화살 따위를 잽싸고 유연하게 피하는 법을 배우는 놀이였다. 투박한 나무 화살을 서로에게 쏘고 피하기도 했는데, 가끔은 날아오는 화살을 손으로 잡기도 했다. 전사 놀이도 하고 어떤 물건을 적으로 삼아 훔치는 훈련도 했다. 전사가 전투에서 공을 세우는 흉내도 냈다. 모든 놀이가 전쟁을 본 딴 것이었다. 그리고 그들은 항상 달렸다.

열 살이 되자 사냥터를 따라다녔다. 초원에는 사슴과 영양과 고라니 떼가 뛰어다녔다. 숲 속이나 냇가에는 야생 칠면조가 많았다. 칠면조를 평원으로 몰아낸 뒤 녹초가 될 때까지 말을 타고 천천히

쫓아갔다. 지친 칠면조가 숨을 곳을 찾으면 말을 탄 채 낚아챘다.

고야슬레이는 말 타는 솜씨가 무척 뛰어났다. 달리는 말 위에서 곤봉을 날려 산토끼를 잡을 수도 있었다. 평소에 말을 조련시키는 일도 게을리하지 않았다. 아주 멀리서도 휘파람을 불면 바람같이 달려오게 훈련을 시킬 줄도 알았다. 고야슬레이는 겁 없이 말을 타고 달리면서 창으로 버팔로나 들소를 사냥했다. 들소 가죽은 천막을 만들거나 바닥에 깔았고 고기는 먹었다.

열두 살이 되기도 전에, 고야슬레이는 사슴을 추격하는 역할을 맡았다. 사슴을 사냥하는 데는 다른 어떤 짐승보다도 더 많은 기술이 필요했다. 냄새에 민감한 사슴에게 접근할 때는 반드시 바람을 맞받으며 움직여야 했다. 고야슬레이는 조그만 덤불 사이를 기어가다가 한참 동안 숨죽여 기다리고 또다시 기어가기를 반복했다. 그렇게 가로지르는 초원 지대가 몇 킬로미터에 이르기도 했다. 그러면서 그는 사슴이나 적을 죽이려면 고통스러운 인내심이 필요하다는 걸 배웠다.

사슴 고기는 잘 말려서 갈무리해 두고 먹었다. 가죽은 물에 담그고 재 속에 묻어 두었다가 털을 뽑고, 무두질을 해서 부드럽고 말랑말랑하게 만들었다. 사슴 가죽은 추위를 막아 주는 훌륭한 옷이 되었다.

곰을 숱하게 잡았지만 한 번도 부상을 당하지는 않았다. 퓨마도 몇 마리 잡았는데 주로 활을 쏴서 잡았다. 창을 던져서 잡은 적도 한 번 있었다. 곰과 퓨마는 훌륭한 음식이었고 가죽도 매우 귀한 것이었다. 퓨마 가죽으로는 화살통을 만들었는데 몹시 아름답고 오래갔다.

독수리 사냥은 깃털을 얻기 위한 것이었다. 대단한 기술이 필요했다. 독수리는 날카로운 눈을 가졌을 뿐만 아니라 영민하고 조심성이 많았다. 주변을 경계할 수 없는 곳에는 내려앉지도 않았다.

고야슬레이에게 사냥은 일도 아니었다. 그는 곰이나 적이 망설이는 그 순간적인 찰나를 포착해서 번개처럼 치명적인 일격을 가할 수 있는 본능을 타고났다. 평범한 사람들은 아무리 애써도 배우기 힘든 기술이었다.

그리고 자신이 누구인지, 무엇을 해야 하는지 깨달았다. 그는 자신의 부족이 자주 불리한 여건에 처한다는 사실을 알게 되었다. 전사의 수는 물론이고 말과 총도 모자라지만, 생사의 갈림길에서 그것은 핑계가 될 수 없었다. 그들은 부족한 무기 대신 결코 뒤떨어지지 않는 전투력과 전략으로 무장하고 있었다. 결국 그 자신이 전쟁의 일부일 수밖에 없었다. 고야슬레이는 하루빨리 전사가 되어 적을 물리칠 날이 오기만을 갈망했다.

치리카우아족은 몸집이 크지 않지만, 그들만큼 강인하고 완벽한 체격에 전략과 전술을 겸비한 전사는 없었다. 이는 그들과 불구대

천지 원수인 미군조차도 인정할 수밖에 없는 사실이었다.

어느 날, 전사로서 살아가는 길을 가르쳐 준 아버지가 병에 걸려 얼마동안 병석에 누워 계시다가 돌아가셨다. 임종을 지키던 사람들이 아버지의 눈을 감겨 드렸다. 육신을 떠난 영혼이 여행 도중 태양을 놓치지 않도록 눈 밑에 노란 줄도 그려 넣었다.

그들은 아버지의 시신에 가장 좋은 옷을 입히고 푹신한 담요로 감쌌다. 평소 가장 아끼던 말에 시신을 싣고 계곡 깊숙한 곳으로 올라갔다. 무리들은 그의 용감한 행동을 울부짖는 목소리로 읊으면서 시신을 운구했다.

산 속 동굴에 도착해서는 아버지의 말을 죽이고 소지품을 모두 내버린 후에 시신을 안치했다. 활과 화살, 창, 전투용 칼도 옆에 놓아두었다. 가족은 시신 위에 돌무더기를 쌓아 무덤을 만들었다. 죽은 이의 소유물을 모두 없애는 것은 아파치의 오랜 관습이었다. 물질에 대한 욕심 때문에 누군가의 죽음을 원하거나 영혼이 약해지는 일이 없도록 하기 위한 것이었다. 아무리 많은 재산을 가졌다고 해도 가족의 죽음으로 누릴 수 있는 혜택은 조금도 없었다.

조촐하지만 경건한 장례식이 끝난 후 동굴 입구를 막았다. 소나무 사이로 부는 바람은 죽은 전사의 장송곡을 나지막이 읊조렸다. 이제 가족들이 내려가고 나면 아버지는 홀로 누워 있다가 먼 여행을 떠날 것이다.

아버지가 돌아가신 후 어머니는 고야슬레이가 보살폈다. 부족의 관습에 따르면, 보통 자식이 있는 과부는 남편이 죽은 후 2~3년 동안 혼자 지내다가 재혼을 한다. 아이가 없는 여자는 곧 다시 결혼할 수 있었다. 전사의 미망인은 친정 부족으로 되돌아가는데 아버지나 오빠들이 다른 사람에게 보내기도 했다. 고야슬레이의 어머니는 재혼을 원치 않았다.

청년 전사의 결혼

1848년, 열일곱 살이 된 고야슬레이는 전사 회의에 소속되었다. 그는 키 170센티미터에 근육질인 팔과 어깨를 가진 건장한 청년으로 성장했다. 하루에 110킬로미터를 달릴 수도 있었고, 입안에 물을 머금은 채 삼키지 않고 반나절을 계속 달릴 수 있었다.

무엇보다 그에게는 강한 영적 의지가 있었다. 갈증으로 입술이 갈라지고 목이 타들어가도 물을 마실 수 없는 다급한 상황이라면 바로 옆에 샘물이 있어도 쳐다보지 않고 지나칠 수 있었다. 매복 공격에 필요하다면 사막의 타들어가는 열기 속에서도 얼마든지 누워 있을 수 있었다. 눈을 태워 버릴 것 같은 태양 아래서도 시원한 나무 그늘 따위를 떠올리지 않을 수 있었다. 다리를 다쳐 걷는 것조차 힘든 상황이 되더라도 달릴 수 있었다. 이는 인간의 한계를 뛰어넘는 것이었다. 물질에 대한 욕구를 절제하고 역경을 극복하는 것은 아파치 특유의 초인적인 의지력이었다. 고야슬레이에게는 특히 강한 의지력이 있었다.

그리고 그 이상의 뭔가가 더 있었다. 고야슬레이의 감각 기관은 극도로 예민했는데, 다른 아파치에게는 없는 특별한 능력이었다. 사슴이 소리나 냄새만으로도 위험을 감지하듯, 고야슬레이는 보이지 않는 곳에서 다가오는 위험을 천둥처럼 선명하고 정확하게 감지했다. 그는 다른 사람의 말을 듣지 않고도 감정을 느낄 수 있었다. 한 조각의 구름이나 새의 날갯짓, 나무 이파리가 흔들리는 것만 보아도 심상치 않은 분위기를 눈치챌 정도였다.

예비 전사로 처음 참가한 전투에서도 고야슬레이는 유감없이 능력을 발휘하였다. 한겨울, 그들 부족은 멕시코 군에게 쫓겨 정착지를 버리고 달아날 수밖에 없었다. 부족민은 정찰병의 눈을 피해 밤에만 이동했다. 아파치는 이동할 때 언제나 한 줄로 서서 움직였다. 위험한 상황에 대비해 남자가 앞에 서고 나머지 가족이 그 뒤에 선다. 인간의 보폭은 1미터 정도이다. 뒤에서 달리는 전사가 앞서 달리는 전사의 발자국을 꼭 그대로 밟는 것은 아니어서, 뒤따르는 전사의 발은 1미터 보폭의 중간 어딘가에 떨어지게 된다. 그 뒤의 전사 역시 마찬가지이다. 그래서 정찰병이 그들의 발자국을 찾아냈을 때 확실하게 구별할 수 있는 전사의 수는 기껏해야 세 명에서 최고 예닐곱 명에 불과하다. 그보다 많은 수의 전사가 지나갔을 때는 그 수를 헤아리기가 불가능하다. 더구나 추적할 만한 단 하나의 흔적도 남기지 않았다. 여자들은 옷자락 하나도 덤불에 걸리지 않도록 주의했고 어떤 아이도 물건을 떨어뜨리지 않았다. 마치 거대한 구렁이가 움직이듯이 한 덩어리가 되어 침묵 속에서 신속하게 움직였다. 다행히 모두 무사하게 산악 지대 깊숙한 곳에 정착할 수 있었다. 그러나 먹을 것이 없었다.

그날 밤 황급히 전투에 나설 전열을 꾸렸다. 전사들은 조그만 모닥불을 피웠다. 평화의 시기가 아닐 때에는 연기가 나지 않는 사시나무로 모닥불을 피웠다. 전사들이 모닥불 주위로 몰려들었다.

대추장 망가스 콜로라도가 모닥불 한가운데 앉아 천천히 사슴 가죽 전투 머리띠를 머리에 묶었다. 예순 살에 가까운 그는 베돈코에족의 추장이었지만 다른 모든 아파치에게 존경받는 지도자였다. 그가 지명한 전사들이 하나 둘 전투 머리띠를 두르며 자리에서 일어났다. 그들 사이에 유난히 번쩍이는 눈빛이 있었다. 고야슬레이였다.

"고야슬레이, 자네도 가세."

예비 전사 고야슬레이는 전사들의 제일 뒤에서 달렸다. 일행이 지닌 것이라고는 활과 화살, 창과 칼밖에 없었다. 이틀 밤낮을 달려 들판 너머 마을이 보이는 곳에 도착했다. 태양이 지평선 가까이에 내려와 있었다. 목초지를 가로질러 소 떼를 몰고 돌아가는 목동들이 보였다.

망가스 추장이 목동의 숫자를 세었다. 세 명이었다. 추장은 손가락 세 개를 세워 자신이 본 것이 맞는지 확인했다. 모든 전사가 손가락 세 개를 세우며 고개를 끄덕거렸다.

추장은 지평선을 살폈다. 더 이상 움직임은 없었다. 추장은 손바닥을 펼쳐 주위가 깨끗하냐고 물었고 전사들 역시 손바닥을 펼쳐 대답했다. 군인이나 감시병 같은 위험 요소는 없었다. 소 떼를 향해 전진하라는 신호를 보내려고 추장이 막 손을 들려고 할 때였다. 줄 끝에서 낮은 휘파람 소리가 들렸다. 고야슬레이였다.

고야슬레이가 주먹을 들어 올렸다. 추장과 전사들은 재빨리 덤불 뒤로 몸을 숨겼다. 모든 전사가 신경을 곤두세우고 전방을 살폈지만 아무것도 보이지 않았다.

지평선 너머에서 붉은 빛이 반짝거렸다. 유성처럼 사라진 찰나의 빛을 본 전사는 많지 않았다. 그러나 곧이어 말을 탄 군인이 두 줄로 행진해 오는 모습이 서서히 시야에 들어오기 시작했다. 그들은 마을을 지나 망가스 일행이 있는 쪽을 향해 계속 전진했다. 군인과 불필요한 전투를 벌일 이유가 없었다. 그들의 목표는 식량이었다. 망가스는 전사들에게 산속으로 퇴각하라는 신호를 보냈다. 군인들은 산 아래에서 하룻밤을 야영한 후 떠났다. 망가스 일행은 다음 날 아무런 의심 없이 돌아가는 목동의 목을 베고 소 떼를 몰아올 수 있었다.

추장 망가스는 고야슬레이를 따로 불렀다. 그는 고야슬레이의 검게 불타는 눈을 한참동안 바라보았다. 고야슬레이의 공적은 빛나는 것이었다. 그가 아니었다면 식량은커녕 희생자만 나왔을지도 모를 일이었다. 그러나 입을 꾹 다물고 앉은 그의 얼굴에는 아무 표정도 없었다.

"고야슬레이, 이제 자네는 정식 전사가 되었다."

고야슬레이는 자리에서 일어나 한쪽 무릎을 꿇고 고개를 푹 숙였다.

"전사에게는 책임이 따른다. 부족민이 제대로 먹고 있는지, 병자와 노인들이 보살핌을 받고 있는지 살펴야 하며, 적의 손에 죽게 되는 경우에 처하더라도 용기와 명예와 헌신을 잊어서는 안 된다. 책임 없이는 권리도 없는 법!"

고야슬레이는 다시 한 번 고개를 숙였다. 추장 망가스는 고야슬레이에게 상으로 말 여섯 마리를 주었다. 오래전부터 전사가 되어 부족을 위해 싸우기를 갈망했던 고야슬레이는 몹시 기뻤다. 기회만 주어지면 부족을 위해 기꺼이 봉사하고자 했다. 이것보다 영광스러운 일은 없을 것이었다. 또한 전사가 되면 그 누구의 지시도 받을 필요가 없었다. 이제 가고 싶은 곳은 어디든지 갈 수 있었고 하고 싶은 일은 무엇이든지 할 수 있었다.

　전사가 된 고야슬레이가 제일 먼저 찾아간 곳은 노포소의 집이었다. 노포소에게는 딸이 하나 있었다. 노포소의 아내는 딸이 열 살이 되기도 전에 병으로 죽었다. 그 후 노포소는 혼자서 딸을 키웠다. 딸의 이름은 알로페. 지금은 어엿한 처녀가 된 알로페가 아버지를 보살폈다. 고야슬레이와 알로페는 어렸을 때부터 함께 어울리며 사랑을 키웠다. 이제 전사가 되었으니 알로페와 결혼을 할 수 있었다.

　알로페는 오두막 앞에 있었다. 고야슬레이는 조심스럽게 그녀에게 다가갔다. 두 사람은 한동안 말없이 가만히 앉아 있었다. 알로페는 고야슬레이가 공을 세우고 돌아온 것도, 이제 청혼을 하리란 것도 잘 알고 있었다. 두 사람 사이에 사랑한다는 말은 필요 없었다. 오랫동안 사랑을 키워 온 두 사람은 말없는 가운데도 서로의 마음을 읽을 수 있었다. 말은 오히려 거짓일 때가 많다. 아파치는 말보다는 행동을 신뢰했다. 사랑, 효성, 충성, 믿음, 의무, 책임, 증오와 분노, 이런 감정을 담아내는 행동에는 거짓이 있을 수 없었다. 고야슬레이가 먼저 입을 열었다.

"준비가 됐어."

알로페가 미소 지으며 고야슬레이의 두 손을 꼭 잡아 주었다. 그것이 청혼에 대한 응답이었다. 이윽고 고야슬레이는 알로페의 아버지 노포소 앞에 앉았다.

"저는 이제 전사가 되었습니다. 저는 알로페와 함께 있기를 원합니다. 우리가 같은 길을 갈 수 있도록 허락해 주십시오."

노포소는 딸을 시집보낼 때가 되었다는 사실을 알고 있었다. 상대가 다른 사람이 아닌 고야슬레이라는 사실이 몹시 기뻤다. 고야슬레이가 얼마나 침착하게 부족민들을 구했는지도 이미 들어 잘 알고 있었다. 뽐내는 기색이 전혀 없는 겸손한 태도도 노포소의 마음을 흡족하게 했다. 그렇지만 딸을 보내야 한다고 생각하니 마음 한 구석에 서운한 마음이 드는 것은 어쩔 수 없었다. 노포소는 고야슬레이가 말 여섯 마리를 상으로 받았다는 사실도 알고 있었다. 그는 젊은이의 마음을 떠보려고 일부러 큰 소리로 말했다.

"말 다섯 마리를 가져오게. 노새는 안 돼."

고야슬레이는 말 없이 고개를 숙이고 일어섰다. 며칠 후, 고야슬레이는 말 다섯 마리를 끌고 오두막으로 갔다. 그리고 알로페를 데리고 왔다. 이것이 그들 부족의 결혼식이었다.

고야슬레이는 어머니가 사는 천막에서 멀지 않은 곳에 새로운 가정을 꾸렸다. 천막은 들소 가죽으로 만들었다. 집 안에는 창과 활과 화살은 물론 곰 가죽으로 만든 옷, 퓨마 가죽으로 만든 옷과 사냥에서 얻은 전리품이 가득했다. 손재주가 좋은 알로페는 구슬을 꿰어 자그마한 장식품을 만들었고 사슴 가죽에 수를 놓았다. 천막 벽에다가 그림도 많이 그렸다. 알로페는 좋은 아내였지만 강한 여자는 아니었다. 두 사람은 선조의 전통을 따르며 행복하게 살았다. 아이도 태어났다. 평온한 세월은 아니었다. 멕시코 군대가 정착지가 있는 산간 지대 깊숙이 진군해 왔다. 베돈코에족은 1년에 네 차례나 습격을 받았다. 많은 전사가 죽었고 여자와 아이들을 잃었으며 정착지를 버리고 달아나야 했다.

그때마다 고야슬레이가 두각을 나타냈다. 군인들과 맞서 겁 없이 싸우기도 하고 눈속임과 환상으로 멕시코 군인을 훌륭하게 속여 넘기기도 했다. 멕시코 군인이 엉뚱한 곳에서 헤맬 동안 여자와 아이들이 목숨을 부지하고 달아날 수 있었다. 고야슬레이가 죽인 적군의 숫자도 점차 늘어났다.

그 여름의 학살극

　1858년 여름, 베돈코에족은 교역을 하기 위해 짐을 꾸렸다. 부족민이 모두 함께 떠나는 행렬은 길고 길었다. 가족을 소중하게 생각하고 가족에게서 힘을 얻는 인디언은 전쟁이나 사냥을 할 때가 아니면 대개 가족과 함께 움직인다. 여정은 소노라를 거쳐 카사그란데스로 이어질 예정이었다.

　목적지에 도착하기 며칠 전이었다. 그날 숙영지는 인디언들이 '카스키예'라고 부르는 곳이었다. 몇 해 전 아파치가 협정을 맺은 멕시코 마을이 그곳에 있었다. 영원한 평화를 약속하는 협정이었다. 사내들은 교역을 위해 마을로 들어갔다. 여자들은 막사에 남아 아이들을 돌보고 음식을 준비했다. 만일의 사태에 대비해 경계병 몇 명을 세워 두는 일도 잊지 않았다.

저물녘이었다. 일을 마치고 돌아오던 사내들은 온몸에 전해오는 심상치 않은 기운을 느꼈다. 요리를 하는 연기가 한가롭게 올라오고 있어야 할 막사를 둘러싼 공기가 차갑고 무거웠다. 불길한 예감에 모두 입을 다물었다.

그때 어떤 움직임이 시야에 들어왔다. 먼지구름을 일으키며 달려오는 이들은 서너 명의 아낙네와 아이들이었다. 그들은 마치 물에 빠져서 구조 신호를 하는 것처럼 매우 다급하게 팔을 흔들며 달려오고 있었다. 그중 한 아낙은 죽어가고 있었다. 긁히고 까진 상처를 피와 흙으로 칠갑한 아낙네들은 금방이라도 숨이 넘어갈 듯이 말했다.

"모두 죽었어요."

"군인들이, 멕시코 군인들이 쳐들어와서……."

"무기와 말도 모두 빼앗아갔어요."

"경계병도 죽이고, 아녀자와 아이들까지……."

사내들은 재빨리 흩어져 잡목 숲에 몸을 숨겼다. 어둠이 내리기를 기다려 막사로 다가갔다. 사내들은 숨을 죽이고 소리 없이 움직였다. 처참한 광경이었다. 말과 무기가 없어진 것은 물론이고 상처입고 죽어가는 사람들이 여기저기서 약한 신음을 내뱉고 있었다.

사지가 잘리고 피로 뒤덮인 시신들은 말이 없었다. 차마 눈뜨고 볼 수가 없었다. 가까스로 도망쳤던 여자들과 아이들이 근처 숲에서 하나둘 나타났다. 사람들의 통곡과 절규가 서서히 높아졌다. 어둠이 내리는 계곡은 기괴한 울음소리로 가득했다. 사람들은 여기저기 흩어져 있는 시신들을 모아 불을 붙였다.

통곡하는 무리에서 조용히 일어나는 그림자가 있었다. 고야슬레이였다. 그의 어머니와 젊은 아내, 그리고 어린 세 딸이 모두 죽어 있었다. 제일 먼저 발견한 것은 허리춤이 잘린 어머니였다. 하늘을 노려보고 있는 그의 두 눈에는 분노가 가득했다. 두 딸은 서로 꼭 끌어안은 채 나뒹굴고 있었다. 딸들에게 기어가려고 한 듯 엎드린 채 죽어 있는 알로페의 하반신은 벌거벗겨진 채 피로 범벅이 되어 있었다.

고야슬레이는 머리가 텅 비어 버린 것 같았다. 무엇을 어떻게 해야 할지, 아무 생각도 떠오르지 않았다. 사랑하는 가족의 시신을 수습해야겠다는 생각도, 복수를 하겠다는 생각도 떠오르지 않았다. 가족을 위한 눈물도 기도의 말도 떠오르지 않았다. 아무것도 할 수 없었고 아무런 의지도 없었다. 고야슬레이는 조용히 자리를 빠져나와 강가로 갔다. 불빛 한 점 없는 어둠 속에서 고야슬레이의 행동을 누구도 눈치채지 못했다. 얼마나 그곳에 있었는지 의식이 없었다.

잠시 후, 회의가 열렸다. 당장 할 수 있는 것이 아무것도 없었다. 전사는 여든 명밖에 남아 있지 않았고 무기도 식량도 없었다. 게다가 멕시코 영토 깊숙이 들어온 상태에서 멕시코인과 전투를 벌일 수는 없는 일이었다. 모두 무기력하게 고개를 떨구고 있는 가운데 추장 망가스 콜로라도가 입을 열었다.

"지금 우리가 할 수 있는 일은 침묵뿐이오. 철저히 침묵을 지키며 집을 향해 출발하겠소."

침묵의 행군이 시작되었다. 식사하고 잠깐씩 눈을 붙일 때만 멈출 뿐이었다. 고야슬레이는 묵묵히 걷기만 했다. 아무것도 먹지 않고, 잠을 자지도 않았다. 그에게 말을 거는 이도 없었다. 아파치는 슬픈 감정을 겉으로 드러내지 않았다. 가슴에 사무치는 감정은 행동으로 보일 수 없다고 생각하기 때문이었다. 대부분 가족 중 한두 명을 잃었지만 일가족이 몰살당한 건 고야슬레이뿐이었다.

사흘 낮과 이틀 밤을 강행군한 끝에 마을에 도착했다. 천막집으로 들어간 고야슬레이는 한동안 멍하니 서 있었다. 사랑하는 가족들의 체취가 묻어 있는 물건들이 그대로 있었다. 고야슬레이가 알로페에게 선물한 장신구와 알로페가 직접 만들어 준 아이들의 옷이며 장난감을 보니 그들의 죽음을 인정할 수 없었다. 금방이라도 알로페가 웃으며 나올 것 같았고 아이들이 떠들어대는 소리가 들릴 것 같았다.

고야슬레이는 아내와 어머니 그리고 아이들의 물건들을 남김없이 태우고, 천막집마저도 불살라 버렸다. 가족이 모두 사라져 버린 그 집에서는 도저히 살 수 없을 것 같았다. 고야슬레이는 아버지의 무덤으로 갔다. 무릎을 꿇고 앉아 몇 시간이고 꼼짝도 하지 않았다. 대체 얼마쯤 지났을까. 육체의 느낌은 사라지고 자신도 알 수 없는 어떤 거대한 존재가 그 텅 빈 공간을 가득 채우는 것 같았다.

"고야슬레이! 고야슬레이!"

돌연 고야슬레이를 부르는 소리가 들렸다. 그 소리가 얼마나 선명했던지 고야슬레이는 자기도 모르게 큰 소리로 대답했다.

"네, 여기 있습니다."

"너의 영혼은 깊은 사랑으로 넘치는구나. 어둠의 육신과 영혼이 넘치는 세상의 깊은 사랑은 너의 영혼을 강하게 단련시켜 줄 것이다. 깊이 사랑하고 강해지는 것은 반드시 필요하다. 두 다리는 산을 오를 때 강해진다. 그러나 연민의 그늘에 몸을 숨긴다면 영혼은 약해질 것이다. 분노의 산과 장애물을 넘어설 때 너는 더욱 강해질 것이다. 영혼에 대한 믿음을 잃지 말아라. 그러면 그 어떤 무기도 네 육신을 파괴하지 못할 것이다. 하지만 그것 때문에 네 육신은 크나큰 상실감을 겪게 될 것이고, 네 영혼은 깊은 슬픔에 빠지게 될 것이다."

고야슬레이는 주위를 두리번거렸다. 아무도 없었다. 그것은 내면의 힘이 말하는 소리였다. 아파치족은 어떤 특별한 목적이 있는 이에게 내면의 힘이 말한다고 믿고 있었다. 그것은 초자연적인 현상이나 미신이 아니었다. 그들은 그렇게 믿었다. 고야슬레이는 내면의 힘이 자신에게 말하는 것을 한 치의 의심도 없이 받아들였다. 그것은 자신에게 어떤 목적이 있다는 깨달음이었다. 그 목적이 무엇인지, 어떻게 해야 하는지에 대해서 확실한 것은 없었다. 다만 그게 존재한다는 것만은 알 수 있었다. 그리고 그것을 위해 자신이 존재한다는 것. 애끓는 울음소리와 피비린내가 진동하는 바로 그곳, 그곳이 자신이 있어야 할 자리라는 믿음 때문에 존재해야만 하는 것이다.

넋이 나간 듯 텅 비어 있던 두 눈이 이글거리기 시작했다. 한마디도 하지 않던 입술에 힘을 주며 어금니를 깨물었다. 고야슬레이는 아버지의 이름을 걸고 복수를 다짐했다. 멕시코인들에 대한 증오가 가슴에서 활활 타오르는 것 같았다.

복수의 칼날

그로부터 1년간은 오직 복수를 위해 칼을 갈았다. 힘든 나날이었다. 몇 백 년 동안, 전쟁과 죽음을 일상처럼 알고 살아온 아파치에게도 쉽지 않은 나날이었다. 카스키예의 학살 현장에서 가족을 잃지 않은 사람이 거의 없었다. 베돈코에족 4분의 1에 달하는 여인과 아이가 그곳에서 죽었다. 그래도 산 사람은 살아야 했다. 여자들은 열매와 봉오리를 채집하기 위해 산기슭을 돌아다녔다. 그중에서도 메스칼 뿌리는 아파치에게 소중한 영양 공급원이었다. 용설란과 비슷한 메스칼 뿌리는 큰 것은 지름이 1미터가 넘었다. 뿌리가 충분히 모이면 구덩이를 판 다음 돌멩이를 깔고 불을 지펴

돌멩이를 달궜다. 돌멩이가 뜨겁게 달궈지면 그 위에 뿌리를 쌓아 놓고 풀로 덮은 다음, 다시 흙으로 두텁게 덮었다. 말하자면 천연 압력솥이었다. 하루 동안 익힌 메스칼은 향기가 그윽한 시럽으로 변했다. 먹다 남은 메스칼 요리는 편편한 바위에 널어서 말렸다. 마른 것은 오랫동안 상하지 않기 때문에 간편하게 가지고 다니면서 먹기에 좋았다.

남자들은 쇠붙이를 갈아 화살촉과 화살 등 무기를 만들었다. 이웃하고 있는 네드니족와 초코넨족이 음식과 옷가지를 보냈으며, 밈브레뇨족도 티피인디언의 원뿔형 천막를 만드는데 필요한 들소 가죽과 무기를 가지고 찾아왔다. 시간이 흐르면서 서서히 상처도 아물고 일상을 회복하고 있었다.

그러나 고야슬레이는 예외였다.

고야슬레이는 마을 뒤 계곡 높은 곳에 따로 오두막을 지었다. 부족민과 잘 어울리지도 않고 혼자 지내는 시간이 많았으며 말수도 적었다. 새벽에 맨 처음 눈을 뜬 사람이 희뿌연 안개 속에서 기도하는 고야슬레이를 발견하곤 했다. 어스름 저녁 무렵에도 무릎을 꿇고 앉아 고야슬레이는 움직일 줄을 몰랐다. 밤이 되면 적막 속에서 기괴한 소리가 바람을 타고 흘렀다. 웅얼웅얼 기도 소리처럼 낮게 울려 퍼지는가 하면 절규하듯 흐느끼다가 깊은 신음처럼 잦아

들곤 했다. 그 소리는 아기를 잃은 어머니의 가슴을 후벼 파고 아내를 잃은 사내의 머릿속을 헤집으며 잠을 설치게 했다. 고문당한 영혼이 내지르는 비명이었다.

어느 날 추장 망가스 콜로라도가 산 위 오두막을 찾았다. 고야슬레이는 오두막 앞에 앉아서 돌로 쇳조각을 날카롭게 갈고 있었다. 곁에는 그동안 만들어 놓은 창촉과 화살촉이 수북이 쌓여 있었다. 추장 망가스가 고야슬레이 앞에 가부좌를 틀고 앉았다. 고야슬레이가 일손을 놓고 자세를 가다듬었다. 망가스는 모카신을 신고 천 조각으로 허리를 가린 젊은 근육질의 육체를 찬찬히 바라보았다. 사각형 턱을 가진 얼굴은 검은 머리칼로 각을 지었고 입술은 워낙 얇아서 마치 칼로 자른 듯이 보였다. 두 눈은 망가스에게 고정되어 있었다. 그 눈에서 망가스는 이글거리며 타오르는 불꽃을 보았다. 과거나 미래에서 뭔가를 보는 듯한 눈이었다. 한동안 침묵하고 있던 추장 망가스가 입을 열었다. 그리고 오랫동안 마음속에 간직하고 있던 말을 꺼냈다.

"이제 때가 되었네."

고야슬레이가 목마르게 기다리던 바로 그 말이었다. 고야슬레이는 허리를 쭉 펴고 정면을 깊이 응시했다.

"카스키예의 치욕을 씻어야 한다. 반드시. 그러나 우리는 전사가 부족하다. 식량과 무기는 모았지만 우리 부족의 전사로는 부족하다. 다른 부족에게 도움을 청하거라."

다음 날 새벽, 미처 어둠이 가시기도 전에 고야슬레이는 길을 떠났다. 먼저 베돈코에 마을 남쪽에 사는 초코넨 아파치 부족을 방문했다. 추장 코치스는 즉시 회의를 소집했다. 코치스는 망가스 콜로라도의 사위였다. 키가 훤칠하게 컸으며 어깨가 넓고 가슴은 두툼했다. 지적인 얼굴에 맑고 차분한 눈, 죽 뻗은 큰 코와 높은 이마를 가진 단정한 얼굴의 전사였다. 태도는 언제나 부드러우며 용모는 단정했다. 전사들은 말없이 골짜기의 공터로 몰려들었고 서열에 따라 줄을 지어 앉았다. 이윽고 추장이 눈짓을 했고 고야슬레이가 자리에서 일어났다.

"우리는 여름내 슬퍼했습니다. 이제 슬픔의 시간은 끝났습니다. 여러분, 멕시코인이 아무 까닭 없이 무슨 짓을 했는지는 다들 들어서 알고 있을 것이오. 멕시코인과 마찬가지로 우리도 사람이오. 저들이 우리에게 한 일을 우리도 그대로 할 수 있소. 그자들에게 우리도 그들과 똑같이 할 수 있다는 것을 보여줘야 합니다. 당신들은 내 친척이오. 삼촌이고 사촌이며 형제이오. 우리 선조가 그랬듯이 멕시코인을 우리 땅에서 몰아냅시다.

전쟁의 법도를 잊지 맙시다. 사내는 전장에서 죽을 수도 있고 살아 돌아올 수도 있소. 만약 젊은이들이 전사하더라도 나는 그의 친척들에게 원망을 받고 싶지 않소. 그 젊은이는 전장에 나가겠다고 스스로 결정했기 때문이오. 나는 쓰러진 이들을 위해 울지 않을 것이며, 쓰러진 나를 위해 울어 줄 사람도 원치 않소. 내가 죽어도 슬퍼할 것이 없소. 내 부족은 그 땅에서 모두 살해당했소. 만약 내가 죽어야 한다면 기꺼이 죽을 것이오. 우리 여인과 아이들이 죽은 그곳에서."

고야슬레이가 말을 끝내자 전사들은 모두 가슴을 치며 자리에서 일어섰다. 치리카우아 아파치는 여러 지파로 나뉘어 있지만 모두 가족처럼 여기고 있었다. 무엇보다 베돈코에족이 당한 일을 초코넨족이 당하지 않으리란 법이 없었다. 그들은 똑같이 아픔과 위협을 느끼고 있었다. 고야슬레이의 설명은 더 이상 들을 필요도 없었다.

고야슬레이는 곧바로 동쪽으로 떠났다. 네드니 아파치 부족이 사는 곳이었다. 그곳은 고야슬레이의 고향이기도 했다. 아버지가 태어난 곳이며 할아버지가 추장을 지낸 곳이었다. 전사로서 할아버지가 보여 준 용감한 행동이 전설처럼 남아 있었고 그를 존경하는 사람들이 아직도 많았다. 추장 후가 전사들을 소집했다. 그는 고야슬레이의 사촌이었다. 전사들이 모두 모이자 추장 후가 신호를 보냈다. 고야슬레이는 초코넨족에게 말했던 그대로 연설했고 네드니족 역시 두말 않고 돕겠다는 굳은 의지를 보였다.

카스키예 전투

세 부족이 멕시코 국경에 모여들었다. 카스키예 학살이 벌어진 날로부터 거의 일 년이 지난 여름이었다.

가족들은 깊은 산속 집결지에 숨어 있도록 조치했다. 그들을 보호할 전사를 배치시켰으며, 그곳이 습격당할 경우를 대비해 다른 집결지 몇 군데를 더 마련해 두었다.

날렵하고 단단한 전사들은 모카신을 신고 허리에 천을 둘렀다. 밤에는 이 천 자락이 침낭 역활을 했다. 격렬한 전투가 벌어질 때 옷을 많이 입는 것은 금물이었다. 얼굴에 전투 분장을 하고 이마에는 사슴 가죽으로 만든 전투 띠를 매어 긴 머리카락이 휘날리지 않

도록 했다. 각자 사흘치 비상식량을 꾸렸다. 부족한 식량은 사냥으로 보충할 것이다. 무기는 칼과 창, 활과 화살이었다.

만반의 준비가 끝났다. 에사다데드네^{사슴 가죽을 씌운 북} 소리가 천천히 울려 퍼졌다. 전투를 앞둔 전사의 무도가 시작되었다. 아파치들은 북소리에 맞춰 고함을 지르고 춤을 추었다. 북소리가 점차 빨라졌다. 춤은 격렬해지고 고함 소리에 북소리가 묻혔다. 열광적인 몸짓과 함성은 영혼을 고양시켰다. 죽이지 않으면 죽는 삶과 죽음의 향연을 받아들이고, 확신과 용기를 북돋는 의식이었다. 마침내 대추장 망가스 콜로라도가 전진 명령을 내렸다.

황혼 무렵, 아파치들은 한 줄로 달리기 시작했다. 말은 타지 않았다. 말은 먼 길을 가려면 물과 먹이를 주면서 보살펴야 한다. 아파치 전사는 물 한 모금과 도토리 한 줌으로 하루 14시간 이상을 달려 150킬로미터나 전진할 수 있었다. 말은 그렇게 할 수가 없다.

아파치들은 세 부대로 나뉘어 행군했다. 베돈코에 아파치는 망가스 콜로라도 추장이, 초코넨 아파치는 코치스 추장이, 네드니 아파치는 후 추장이 인솔했다. 세 부대 사이에 계급은 없었다. 하루에 14시간 정도 행군하고 식사를 위해 세 번 멈출 뿐이었다. 전사는 300명에 달했다. 일렬로 늘어선 대열이 길이는 400여 미터에 달했다. 그 선두에 고야슬레이가 있었다. 멕시코로 진입하는 길잡

이 역할을 맡았다. 고야슬레이는 적이 알아채지 못하도록 익숙한 산자락 길을 버리고 왕래가 적은 산속의 험지를 택했다. 낮에는 달리고 밤에는 쉬었다. 소노라를 거쳐 남쪽의 퀴타로와 나코사리를 비롯한 수많은 작은 마을을 지나쳤다.

나흘째 저녁, 아파치들은 카스키예 조금 못 미친 곳에 진을 치고 숙영을 했다. 밤이 되자, 마을에서 멕시코 남자 8명이 말을 타고 와서 협상을 하자고 했다. 그들이 대답을 하기도 전에 잡아다 머리가죽을 벗겼다. 멕시코 군대를 이끌어 내기 위해서였다.

회의가 열렸다. 대추장 망가스 콜로라도가 말문을 열었다.

"이곳에는 기병대 2개 중대와 보병 2개 중대가 주둔하고 있소. 우리 마을을 쑥대밭으로 만든 바로 그 부대라고 하오."

그 말에 초코녠족 추장 코치스가 의견을 냈다.

"그렇다면 이번 전투의 지휘권을 고야슬레이에게 맡기는 게 어떻겠습니까. 고야슬레이는 그들에게 일가족 모두를 잃었으니까 말이오."

고야슬레이는 추장도 아니고 예전에 전투를 지휘해 본 적도 없었다. 하지만 그에게 지휘권을 맡기는 것은 너무나 당연해 보였다.

내심 코치스와 똑같은 생각을 하고 있던 망가스가 고개를 끄덕이자, 모두들 아무 이견 없이 찬성했다. 고야슬레이는 자리에서 일어나 주먹 쥔 손을 가슴에 대며 말했다.

"이보다 더 영광스러운 일은 없을 것입니다. 여러 추장님의 믿음에 목숨을 바쳐 보답하겠습니다."

그날 밤, 아파치들은 보초를 세우고 진지에서 조용히 휴식을 취했다. 새벽이 오기 전, 고야슬레이는 전사들을 불러 모았다. 그들은 우센 신에게 기도했다. 싸움에서 이기게 해 달라는 기도가 아니었다. 적의 매복이나 속임수에 넘어가지 않고, 모든 전사가 죽든 살든 용기를 버리지 않게 해 달라는 기도였다. 그들은 이 전쟁이 어떤 의미인지 잘 알고 있었다. 이것은 식량을 조달하기 위한 습격이 아니었다. 이것은 아파치가 먼저 시작하는 전쟁이었다. 죽지 않으려면 죽여야 하는 전쟁이었다. 고야슬레이는 밤새 궁리한 작전을 설명했다. 그의 목소리는 마치 들짐승을 잡는 방법을 설명하듯 담담했다. 고야슬레이는 땅바닥에 강을 그리고 마주 보이는 곳에 요새로 들어가는 문을 그렸다. 그리고 커다란 원을 그렸는데 요새 입구만 트인 상태였다.

"요새 입구 왼쪽은 망가스 추장님이 지휘할 겁니다. 오른쪽 전사들은 코치스 추장의 지시를 따라 주십시오. 요새 입구 맞은편은 후 추장님이 맡아 주십시오. 우리 전사들이 그 사이를 연결하면서 매복하면 커다란 반원이 될 겁니다."

그때 코치스가 물었다.

"그렇다면 멕시코 군대가 우리 원 안으로 들어온단 말인가?"

"그렇습니다."

"왜 그렇지?"

"제가 그렇게 만들 겁니다."

고야슬레이는 주저하지 않고 확신에 찬 목소리로 대답했다. 코치스는 잠시 생각하다가 입을 다물었다. 어떤 방법일지 모르지만 그건 고야슬레이가 알아서 할 일이었다.

선인장과 덤불조차 아직 어둠에 잠겨 있을 때 아파치들은 각자 자기 위치를 찾아 움직였다. 그들은 덤불보다 높지 않게 허리를 구부리고 바람처럼 카스키예를 향해 움직였다.

예상대로 아침 10시쯤 되자 멕시코 군대가 출동했다. 전방에 보병을 두 줄로 세우고 후방에는 기병대를 배치했다. 그렇게 300여 미터 전진하더니 갑자기 사격을 개시했다. 고야슬레이의 작전이 빗나간 듯했다. 그런데 잠시 후, 멕시코 군의 후방 쪽에서 소요가 일어나는가 싶더니 그들을 뚫고 고야슬레이가 몇 명의 전사와 함께 먼지를 일으키며 달려 나왔다. 보병들이 영문을 몰라 우왕좌왕하는 사이에 고야슬레이가 강철 같은 두 다리를 이용해서 앞으로 치고 나왔다. 두 다리가 달리는 것이 아니라 땅이 접히는 것처럼 보였다. 그제야 보병들이 그들을 따라잡으려고 했으나 뒤에서 달려 나오는 기병대들과 서로 뒤엉키는 바람에 도무지 속력을 낼 수가 없었다.

대장이 그들을 후려치며 앞으로 박차고 달려 나왔다. 사브르스페인식 칼를 휘두르며 달리는 대장 뒤에서 보병들이 총구를 겨누고 방아쇠를 당겼다. 그러나 이리저리 정신없이 방향을 바꾸며 달리는 아파치를 제대로 맞출 수가 없었다.

멕시코 군은 전속력으로 달렸다. 말의 속도가 안정되면서 간격이 점점 좁혀졌다. 대장 뒤로 군인들이 추격전에 합류했다. 아파치들이 금방이라도 잡힐 듯한 거리로 좁혀졌다. 대장은 안장에서 상체를 기울여 목을 내리칠 준비를 하면서 사브르를 쥔 손에 힘을 주었다. 그런데 앞만 보며 달리던 아파치가 갑자기 반원을 그리며 돌아서는 것이 아닌가. 그는 대장을 향해 짓궂게 웃고 있었다. 그때였다. 사막 속에서 솟아나듯 거인 하나가 일어나더니 그 옆에 섰다. 뭔가 잘못됐다고 깨닫는 순간, 그러나 때는 이미 늦었다. 아파치의 입에서 터져 나온 기묘한 함성이 고막을 울림과 동시에 기다란 칼이 햇살을 받으며 갈비뼈 사이를 깊숙이 파고들었다. 사막에서 일어선 아파치 거인은 추장 코치스였다.

전쟁 함성이 카스키예 들판을 뒤흔들었다. 고야슬레이가 요새 맞은편에 있는 추장 후에게 합류하자 전사들이 함성을 지르며 일어섰다. 요새 쪽에서는 양쪽 덤불 뒤에 매복해 있던 아파치들이 일제히 일어나 퇴로를 차단했다. 격렬한 전투가 벌어졌다. 전투는 두 시간 가량 계속되었다. 달리는 말과 전사들이 일으킨 엄청난 먼지구름이 들판을 뒤덮었다. 처음 얼마간 콩알이 튀는 것 같은 총성이 들리다가 사라졌다. 함성과 비명, 칼과 사브르가 부딪치는 소리, 그리고 창이 스치는 둔탁한 소리만이 들릴 뿐이었다.

고야슬레이는 전투를 하는 동안 살해된 어머니와 아내, 그리고 어린 딸을 생각했다. 그리고 아버지의 무덤 앞에서 다짐했던 복수의 맹세를 떠올렸다. 정신을 차렸을 때 고야슬레이 주변에는 전사 세 명만이 남아 있었다. 전장 한 가운데에서 화살은 다 떨어졌고, 창은 적들의 시체에 박혀 부러졌다. 그런 판국에 갑자기 군인 두 명이 총을 쏘며 고야슬레이에게 달려들었다. 그 바람에 전사 두 명이 총에 맞아 쓰러졌다. 총알을 피한 한 명의 전사와 고야슬레이는 아군에게 합류하기 위해 전속력으로 뛰었다. 그러나 마지막 동료 한 명마저 적의 칼에 쓰러졌다. 고야슬레이는 가까스로 동료 전사들이 있는 곳까지 갈 수 있었다. 고야슬레이는 창을 집어 들고 돌아섰다. 끈질기게 추격해 온 적군 한 명이 고야슬레이를 향해 총을 겨누고 있었다.

고야슬레이는 그의 군도를 빼앗어 그에게 달려들었다. 격투 끝에 그를 찔러 죽인 고야슬레이는 재빨리 그의 몸을 밟고 일어서서 군도를 휘둘렀다. 멕시코 군은 더 이상 보이지 않았다. 아파치들만이 고야슬레이를 바라보며 서 있을 뿐이었다. 들판은 멕시코 군인의 시체로 뒤덮여 있었다. 피비린내가 진동했다.

아파치 용사들은 승리의 함성을 내지르며 고야슬레이를 둘러쌌다. 고야슬레이는 적이 흘린 피로 범벅이 된 채 하늘을 향해 고함을 질렀다. 사랑하는 가족의 웃는 모습이 떠올랐다. 전쟁에서 승리했지만 그들을 되살릴 수는 없었다. 그러나 복수를 한 것은 기쁜 일이었다.

아파치들은 고야슬레이를 아파치 부족 전체의 전시 추장으로 삼았다. 고야슬레이는 적의 머리 가죽을 벗기라고 명령했다.

제로니모의 탄생

이 전투에서 고야슬레이는 새 이름을 얻었다.

전투가 있던 날, 멕시코 마을은 축제 분위기로 들떠 있었다. 멕시코는 마을마다 수호성인을 가지고 있는데, 그날은 성 제롬스페인어로는 성 제로니모 축일이었다.

고야슬레이가 후방 교란 작전을 펼치고 있을 때, 마을 사람들은 성 제로니모로 분장한 연기자가 축제 무대에 나타나기를 숨죽이며 기다리고 있었다. 사막에서 후광을 받으며 바야흐로 성인이 등장할 그 순간, 단단한 체격의 키 작은 사내가 나타났다. 먼지를 잔뜩 뒤집어쓴 사내는 모카신을 신고 조그만 천 조각을 허리에 둘렀으며 헐렁한 상의를 입고 있었다. 부스스한 머리칼을 사슴 가죽 머리 띠로 묶었고, 험상궂고 각진 얼굴에 노란 줄무늬가 그려져 있었다.

아파치!

마을 사람들이 비명을 지르며 뒤로 물러났다. 하지만 그는 조금 도 동요하지 않고 서 있었다. 무기를 지닌 것도 아니었다. 마을 사 람들이 술렁거리자 대장이 무대로 걸어 나왔다. 축제가 시작되기 전부터 술에 취해 있던 그가 술병을 흔들자 안심한 마을 사람들이 웃음을 터뜨렸다.

무대의 주인공이 되고 싶은 대장은 콧수염을 잡아 꼬며 외쳤다.

"아파치 분장이라! 멋지군. 여러분, 우리 모두 성 제로니모를 환 영합시다!"

군중들은 완전히 속아 넘어갔다.

"제로니모! 제로니모! 제로니모!"

마을은 다시 축제의 열기에 싸였다. 하나둘 외치기 시작한 목소 리는 점점 커지고 빨라졌다. 그 모습을 바라보고 있던 신부가 아무 래도 이상한 생각이 들어서 무대 위로 올라갔다. 그때였다. 아파치 가 헐렁한 상의 안으로 손을 집어넣는가 싶더니 어느새 깃털 달린 활과 화살을 들고 있었다. 그는 조금도 서두르지 않고 화살을 활시 위에 끼웠다. 매년 하던 연극과는 전혀 달랐지만 그래서 더욱 흥미 를 끌었다. 마을 사람들은 다음 순서를 기대하며 무대에서 눈을 떼

지 않았다. 얼마나 조용했던지 허공을 가르며 날아가는 화살이 쌔
앵, 바람을 가르는 소리까지 들릴 정도였다. 깃털은 신부의 가슴에
서 펄럭거리고 있었다.

신부는 비명도 지르지 못하고 그대로 무대 아래로 떨어졌다. 마
을 광장에는 깊은 정적이 흘렀다. 그러자 아파치가 이빨을 드러내
며 씩 웃더니 손가락 두 개를 머리에 대며 말했다.

"아디오스_{또 만나세}!"

아파치는 천천히 무대를 내려갔다. 무대를 둘러싸고 있던 사람
들이 반으로 갈라지면서 앞길을 터 주었다. 사람들을 뚫고 광장을
가로지른 아파치가 갑자기 요새 문을 향해 달음질치기 시작했다.

"신부가 죽었다!"

달려가는 그의 등 뒤에서 충격에 휩싸인 비명이 터져 나왔다. 군
인들이 사람들을 밀치고 총과 말을 찾느라고 북새통이 벌어졌다.
몇몇은 곧바로 사브르를 빼 들고 달려가기도 했다. 대장은 그때서
야 취기가 싹 가신 얼굴로 돌격 명령을 내리며 말에 올라탔다. 그
러나 정신없이 말을 몰던 그는 매복해 있던 코치스의 칼에 맞아 싸
움다운 싸움도 해 보지 못하고 죽었다.

어떻게 그런 일이 일어났는가에 대해서는 말이 많다. 술 취한 남
자가 멋모르고 외치는 소리를 마을 사람들이 얼떨결에 따라 합창
했다는 후문이 전해 온다. 무엇보다 풀리지 않는 의문은 고야슬레

이가 그날의 연극에 대해서 알고 있었던가 하는 점이다. 그럴 리가 없다고 말하는 아파치도 있다. 그러나 고야슬레이의 신비스런 능력을 믿는 아파치는 그가 이미 모든 것을 알고 있었다고 말하기도 한다. 우연이든 계획적이든. 그날 이후 고야슬레이는 제로니모로 불리었다.

사실 그는 진작에 죽었다. 가족들이 잔인하게 몰살당했던 바로 그 계곡에서. 그날 고야슬레이도 죽은 것이다. 그리고 죽음의 잿더미 속에서 복수의 불꽃으로 다시 살아났다. 그것은 카스키예는 물론, 멕시코인과 미국인 모두를 두려움에 떨게 할 무시무시한 불꽃이었다. 동시에 죽음과도 같은 어둠에 직면한 아파치들을 밝혀 줄 구원의 불빛이기도 했다.

당시 아파치 전사의 머리 가죽 하나 당 내걸린 보상금은 100페소1페소는 우리 돈으로 약 94원이다였다. 아파치 여자는 50페소, 아파치 아이나 아기는 25페소였다. 하지만 제로니모 머리에는 그 즉시 2000페소와 말 20마리, 소 50마리가 현상금으로 붙었다. 이후로도 현상금은 계속 올라갔다. 악마 아파치와의 전쟁은 제로니모와의 전쟁으로 바뀌었다.

미 육군이 제로니모에게 치를 떨기 훨씬 전에 이미 그의 명성, 아니 악명은 멕시코 전역으로 퍼지고 있었다.

전쟁 주술사

    카스키예 전투는 대 성공이었다. 아파치는 몹시 흡족해 했다. 승리의 축제는 전사들의 죽음을 애도하는 분위기 속에서 진행되었다. 에사다데드네가 낮게 울려 퍼지는 가운데 모닥불이 지펴졌다. 형제들의 시신을 동굴 깊숙한 곳에 묻었다. 그들의 영혼을 거두어 달라고 우센 신에게 간절히 기도했다. 죽은 이를 추도하는 춤판이 벌어졌다. 슬픔이 깃든 엄숙한 춤이었다. 아파치는 자신이 죽는 것을 두려워하지는 않지만 다른 사람의 죽음에 대해서는 최대한 예의를 갖추었다. 전쟁은 익숙했지만 슬픔은 익숙하지 않았다. 부족민 간의 유대도 가족만큼이나 강한 아파치는 어떤 누구의 죽음도

가볍게 여기는 법이 없었다. 머리 가죽은 추모의 춤판이 끝난 뒤 모두 버렸다. 아파치는 머리 가죽을 부정한 것으로 여겨 아무도 간직하려 하지 않았다. 다음 날 합동 평의회가 열렸다. 제로니모도 추장들과 함께 참석했다.

"이번 기회에 세 부족을 한 부족으로 합쳐 영원한 연합을 맺어야 합니다."

제로니모는 승리의 여세를 몰아 멕시코 군과 전면전을 벌어야 한다고 주장했다.

"우리에게는 표범처럼 움직여서 멕시코 노예 주인을 무찌르고 다시 은신처로 돌아오던 시절이 있었습니다. 지금 우리는 상처 입은 늑대와 같습니다. 누군가가 멕시코와 협정을 맺어야 한다고 말하는 걸 들었습니다. 만일 평의회가 협정을 맺자고 결정한다면, 지금 이 자리에서 나부터 죽여야 할 겁니다. 오늘 밤 이 계곡에서 말입니다. 나는 그 어떤 협정도 존중하지 않을 것이요. 나는 평화를 지키지 않을 거요. 여러분은 자신의 영혼과 정신을 죽여서 육신을 구할 작정입니까? 그렇다면 지금 내 육신을 죽이시오. 왜냐하면 나는 내 영혼이 죽게 내버려 두지 않을 테니 말입니다. 나는 전사입니다."

제로니모의 주장은 완강했다. 그렇지만 전투를 승리로 이끌었다고 해서 뽐내는 기색은 전혀 없었다.

"영혼을 죽여서 육신을 구하고자 하는 사람은 아무도 없소. 우리는 다만 평화를 원할 뿐이오. 전쟁보다는 가족과 부족민이 최대한 안전하고 행복하게 살 수 있도록 만드는 것이 더욱 중요한 문제요."

코치스가 제로니모를 찬찬히 뜯어보며 말했다. 제로니모는 오랫동안 마음속에 품고 있던 비밀을 털어놓았다.

"지금 당장 전면전을 벌이지 않는다면 아파치에게 삶은 더 이상 없을 것이오. 나는 그것을 보았소."

그것은 사실이었다. 오두막에서 혼자 복수의 칼을 갈고 있을 때 아파치의 미래가 눈앞에 생생하게 펼쳐진 것이다. 아파치가 모두 노예로 전락하거나 죽어 가고 있었다. 그리고 자신의 삶의 목적이 무엇인지도 보았다. 그때 또 한 가지 본 것은, 자신이 평생 총에 맞지 않으리라는 것이었다. 이 예감도 훗날 정확히 실현된다.

아파치에게는 부족의 전쟁을 이끌어 갈 주술사가 태어나리라는 전설이 대를 이어 내려오고 있었다. 그러나 대추장 망가스나 코치스 대에서도 전쟁 주술사는 나오지 않았다. 카스키예 전투의 승리는 평생을 전쟁터에서 보내 기습에 익숙한 두 추장들마저 감탄할 정도로 대단한 성공이었다. 두 추장은 뛰어난 감각과 두려움을 모르는 용기, 마치 전쟁을 위해 태어난 듯 단호한 제로니모의 행동을 떠올렸다. 그가 과연 전쟁 주술사란 말인가. 거대한 윤회의 수레바퀴를 거치며 다시 태어난, 과거에서 돌아온 전쟁 주술사만이 그렇게 확고하게 행동할 수 있을 터였다. 제로니모의 전투 능력에 대해서는 이미 경외심을 품고 있는 사람들도 많았다.

그러나 제로니모의 주장은 받아들여지지 않았다. 그는 추장이 아니었다. 세 부족은 각자 자신의 길을 갔다. 그것은 아파치 특유의 독립적이고 독자적인 삶의 방식이었다. 네드니 부족의 후는 제로니모가 가장 좋아하는 여동생 이쉬톤과 결혼했고 제로니모와 후의 유대는 더욱 강화되었다. 네드니 부족은 또한 할아버지의 부족이기도 했다. 제로니모는 망가스 콜로라도를 따라갔지만, 후의 행로를 항상 염두에 두었다. 네드니 부족의 본거지가 적의 심장부에 있었기 때문이다.

각각 흩어진 이들 부족은 그리 오래지 않아 제로니모의 말대로 연합하게 된다. 이들 세 부족, 베돈코에와 네드니, 그리고 초코넨은 훗날 치리카우아 아파치로 알려진다.

베돈코에족은 몇 달간 사냥을 하면서 평화로운 일상을 보냈다.

그러나 제로니모는 예외였다. 멕시코인에 대한 제로니모의 분노는 조금도 식지 않았다. 제로니모는 여전히 그들을 증오했고 복수를 꿈꾸었다. 머릿속에는 전투에 대한 생각으로 가득했다. 자신이 해야 할 일이 무엇인지 정확히 알고 있었다. 그러나 전사들을 모으는 일이 쉽지 않았다. 지금의 평화를 지켜내기 위해서는 전쟁밖에 없다는 그의 말을 아무도 귀담아 들으려고 하지 않았다. 아파치 전체가 노예로 전락하거나 죽게 된다는 예언에도 불구하고 그들은 더이상 행동하기를 주저했다. 제로니모는 전사 한 명 한 명을 설득했다. 멕시코 마을을 습격해서 음식과 무기, 옷가지나 가재도구를 걷어 와서 전사들에게 나눠 주기도 했다.

두세 달 뒤 제로니모는 멕시코 국경을 습격하러 떠났다. 고작 두명의 전사가 그를 따랐다. 소노라 북쪽 경계선을 따라 멕시코로 들어가 시에라마더 산을 지나 남쪽으로 내려갔다. 이곳에서 제로니모는 작은 마을을 습격했다. 대낮에 산 쪽에서 마을로 접근하자 말 다섯 마리가 집 밖에 매여 있는 것이 보였다. 조심스럽게 다가가 말에 손을 대려고 하자 집 안에 숨어 있던 멕시코인들이 사격을 가해왔다. 함께 갔던 전사 한 명이 그 자리에서 사살당했다. 사방에서 멕시코인들이 벌 떼처럼 달려들었다. 모두 무장을 하고 있었다. 그날 제로니모는 세 번이나 포위당했지만 그때마다 포위망을 뚫고 빠져나왔다. 싸우고 피하고 숨기를 반복했다. 멕시코인들은 추격을 멈추지 않았다. 제로니모는 화살도 다 떨어진 상태였다. 어둠이 내리고 나서야 간신히 추격자들을 따돌리고 마을로 도망칠 수 있었다.

부족민들은 원정에서 실패한 제로니모를 비난했다. 전리품은 고사하고 동료마저 잃었으니 할 말이 없었다. 실패했으니 입을 다물고 있는 것은 당연한 일이었다. 그러나 낙담하지는 않았다. 변한 건 아무것도 없었다. 멕시코인들에 대한 증오와 복수에 대한 갈망은 더욱 커지기만 했다. 그러나 다른 전사들을 설득하는 일은 더욱 어려워졌다.

두세 달이 지난 뒤 제로니모는 간신히 두 명의 전사를 설득해 멕시코 국경을 습격하러 떠났다. 지난 원정 때는 네드니 아파치 지역을 지나 소노라로 들어갔지만 이번에는 초코녠 지역을 통해 시에라마더 산으로 들어갔다. 제로니모 일행은 비상식량 확보를 위해 산 가까이에 있는 마을을 습격하기로 했다.

그날 저녁, 제로니모는 멕시코 기병대 1개 중대가 남쪽에서 다가오고 있는 것을 발견했다. 그들은 말에 많은 식량을 싣고 있었다. 그들을 미행하면서 멕시코 기병대가 애리조나 주에 있는 베돈코에족 지역으로 가고 있음을 확인했다. 제로니모 일행은 황급히 그들을 앞질러 사흘 만에 마을에 도착했다. 그리고 불과 3시간 후 멕시코 군대가 들이닥쳤다. 첫 번째 공격에서 어린아이 세 명이 사살되었다. 그때 전사들은 대부분 다른 일로 집을 비운 상태였다. 마을에 남아 있던 네다섯 명의 전사가 제로니모 일행과 합세했다.

저녁 무렵이 되어서야 간신히 이들을 몰아낼 수 있었다. 아파치 전사 두 명을 잃었지만 멕시코 기병 여덟 명을 사살했다. 멕시코 기병대는 완전히 퇴각해 남쪽으로 말을 달렸다. 이 전투에서 제로니모는 또다시 가족을 잃었다. 그의 두 번째 아내에 대해서는 알려진 바가 거의 없다. 이름이 '나나타'인 그녀는 전쟁 주술사 제로니모의 침울한 분위기와 달리 명랑한 성격이었다. 사내아이가 태어났지만, 젖도 떼기 전에 엄마와 함께 학살당했다. 영혼에 대한 믿음을 잃지 않는 한 그 어떤 무기도 육신을 파괴하지 못할 것이나, 그것으로 인해 크나큰 상실감을 겪게 될 것이며 영혼은 깊은 슬픔에 빠질 것이라고 했던 내면의 예언이 제로니모의 삶에서 본격적으로 실현되기 시작한 것이다.

곧 추격대를 결성하였다. 이번에는 25명의 전사를 이끌고 멕시코인들과의 전투에 나설 수 있었다. 제로니모는 멕시코 기병대가 왔던 길을 따라 시에라데사우아리파 산으로 들어갔다. 산속에 머물던 둘째 날에 아파치 정찰병이 멕시코 기병대를 발견했다. 1개 중대뿐이었다.

그곳은 마침 양쪽으로 깎아지른 절벽이 서 있는 협곡이었다. 중대 전체가 일렬로 늘어서야 통과할 수 있는 곳이었다. 기습 작전을 감행한다면 쉽게 물리칠 수 있을 것 같았다. 제로니모는 그들이 지나가게 될 길에 전사들을 매복시켰다.

전사들은 기병대가 협곡 사이로 모두 들어올 때까지 기다렸다가 일제히 총을 쏘았다. 급히 뛰어내린 멕시코 병사들은 말을 방패 삼아 반격했다. 반격이 만만치 않았다. 그들을 몰아내기 위해서는 총알 모두를 쏟아부어야 할 것 같았다.

제로니모는 돌격 명령을 내렸다. 제로니모가 앞장을 섰고 사방에서 전사들이 달려들어 육탄전을 벌였다. 제로니모는 그에게 총을 겨누고 있는 멕시코 병사를 향해 창을 들고 달려들었다. 그러나 발아래 고인 핏물에 미끄러져 쓰러졌다. 멕시코 병사가 개머리판으로 제로니모의 머리를 내리쳤다. 제로니모는 그대로 의식을 잃었다. 그때 제로니모를 뒤따르던 전사가 멕시코 병사를 창으로 찔

러 죽였다.

그리고 얼마 후, 멕시코 군은 단 한 명도 살아남지 못했다. 아파치 용사의 전투 함성도 잦아들었다. 그들은 멕시코 병사의 머리 가죽을 벗기고 나서 사상자를 수습했다. 동료들이 피를 흘리며 쓰러져 있던 제로니모의 머리에 천을 감아 주었다. 제로니모 일행은 다음 날 마을로 돌아왔다. 제로니모는 한동안 상처를 훈장처럼 달고 다녀야 했다. 전투에서 승리했지만 베돈코에족의 손실도 심각했다. 그해에는 아무도 다시 전투에 나서려고 하지 않았다.

부족민의 지지를 받지 못하는 제로니모의 전투는 언제나 힘겨웠다. 참패를 당하거나 부족민의 비난을 받은 적도 많았다. 그런 악조건 속에서 성공적인 습격도 없지 않았다. 한 번은 짐마차를 공격했는데, 그때 노획한 전리품은 부족민이 일 년간을 버틸 수 있는 양이었다. 추장 망가스는 축제를 베풀었다. 전사의 희생이 거의 없이 멕시코 기병대에게 치명적인 손실을 안겨 준 일도 적지 않았다. 그럴 때면 전사들이 먼저 나서서 멕시코를 습격하자고 부추기기도 했다.

흰 눈과 푸른 외투

제로니모가 백인을 처음 본 것은 카스키예에서 끔찍한 학살이 일어나기 얼마 전이었다. 마을 남쪽에서 백인이 무언가를 하고 있다는 소문이 퍼졌다. 제로니모는 전사 몇을 데리고 그들을 만나러 갔다. 그들은 줄을 여기저기 쳐 놓기도 하고 기다란 막대기를 땅속에 박기도 했다. 땅속에서 무언가를 찾고 있는 듯했다.

"지금 무엇을 하고 있는 거요."

백인들은 땅을 가리키며 뭐라고 했지만 무슨 말인지 알아들을 수가 없었다. 한참을 떠들어대던 백인은 배낭 속에서 셔츠와 쌀을 꺼내더니 제로니모에게 주었다. 선물인 것 같았다. 그들은 웃으며 손을 잡고 악수를 했다. 싸움을 걸려고 온 것은 아닌 것이 확실했다. 웃는 표정도 선량해 보였다. 베돈코에족은 그들과 손을 잡고 형제가 되기로 약속했다. 아파치에게 그것은 문서로 된 조약과 다름없었다. 이후에도 그들은 베돈코에족을 찾아왔다. 그때마다 선물을 주었다. 베돈코에족은 사냥한 짐승이나 사슴 가죽, 담요나 말 같은 것을 주었다. 그들은 그것을 받고 동그란 쇠붙이나 종이를 주기도 했다. 백인들은 그것을 무척 귀하게 여기는 듯했지만 어디에 쓰는 물건인지 알 수 없었다. 한참이 지나서야 나바호 인디언들에게, 그것이 돈이며 필요한 다른 물건과 바꿀 수 있는 것이란 걸 알게 되었다.

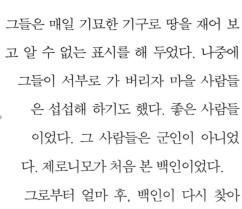

그들은 매일 기묘한 기구로 땅을 재어 보고 알 수 없는 표시를 해 두었다. 나중에 그들이 서부로 가 버리자 마을 사람들은 섭섭해 하기도 했다. 좋은 사람들이었다. 그 사람들은 군인이 아니었다. 제로니모가 처음 본 백인이었다.

그로부터 얼마 후, 백인이 다시 찾아왔다. 이번에는 푸른 외투 차림으로 말을 타고 나타났다. 그들은 핫스프링스 남쪽 힐라 강변에 막사를 치고 머물렀다. 그들도 처음에는 우호적이었다. 아파치도 그들을 싫어하지 않았다. 하지만 그들은 군인이었고, 처음에 왔던 백인들과는 태도가 달랐다.

겉으로는 웃으며 교역을 하면서 뒤로 치고 들어오는 것이 멕시코인의 방식이었다. 제로니모는 그런 방식을 훤히 꿰뚫고 있었다. 푸른 외투에게 의심을 풀지 않았다. 그들이 아무리 웃으며 손을 내밀어도 그 손을 잡을 생각을 해 본 적이 없었다.

다른 아파치도 그런 사실을 모르는 건 아니었다. 하지만 그들은 평화를 원했다. 흰 눈도 같은 마음일 거라고 생각했다. 그것은 아파치뿐만 아니라 다른 부족도 마찬가지였다. 수많은 부족의 추장이 그렇게 생각하고 흰 눈과 멕시코인과의 평화 제의를 수락했다. 인디언은 늘 백인 이주민이나 군인과 평화롭게 지내려고 노력했다.

미 육군과도 평화로운 관계를 유지하고 있었다. 아파치 추장은 평화를 약속했으며, 이 약속을 지켰다. 아파치는 흰 눈들이 들여오는 새로운 문명에 참여하기까지 했다. 그들은 나무를 잘라 역마차 정류장에 공급했고, 심지어 돈과 생필품으로 바꾸려고 말과 노새를 길렀다.

어느 날 아파치 군인과 조약을 맺었다. 이 조

약은 손을 잡고 형제가 되기를 약속함으로써 이루어졌다. 추장 코치스와 망가스 콜로라도도 함께했다. 이 부대는 아파치패스에 왔던 첫 번째 연대였다. 빅 뷰로 산맥과 산타 리타 지역에서 새로운 광산이 발견되었다. 이 소문이 퍼지자 흰 눈들이 벌 떼처럼 몰려들었다. 새로운 정착지가 하루가 다르게 생겨나고 커졌다. 아파치 구역 한가운데를 관통하는 도로가 건설되었고, 역마차와 화물마차, 군대가 하루도 빠지지 않고 이 길을 달렸다. 미 육군은 이미 서부 텍사스에 강력한 요새를 구축해 놓고 있었다. 리오그란데 강을 따라 매킨토시 요새와 허드슨 기지가 세워졌고, 북쪽으로는 인게 요새와 클라크 기지, 북서쪽으로는 랜카스터 요새, 그리고 남서쪽으로는 스톡톤 요새가 세워졌다. 그중에서도 가장 큰 것은 엘파소에 있는 블리스 요새였다. 이 요새는 아파치의 고향을 화살처럼 겨냥하며 서 있었다.

아파치 추장들이 푸른 외투와 조약을 맺은 뒤 제로니모는 약 2년 동안 혼자서 말을 타고 이 길을 달리곤 했다. 하지만 그를 본 백인은 없었다. 그는 도로나 바큇자국이 찍힌 길을 피해 산과 계곡을 따라 달렸다. 그는 흰 눈의 숫자가 하루가 다르게 늘어남에 놀랐다. 흰 눈은 끝없이 몰려오고 있었다. 블랙마운틴 지역을 가로지르던 제로니모는 그곳에도 푸른 외투가 있는 걸 보고 충격을 받았다. 웜 스프링스 아파치의 본거지에 오조 칼리엔테라는 기지가 세워진 것이다. 제로니모는 높은 봉우리에 올라가서 하루 종일 기지를 관찰했다. 멕시코인과 인디오와 아파치가 벽돌을 찍어 건물 벽을 쌓고 있었다. 그들 옆에는 총을 든 군인이 철두철미하게 경계를 서고 있었다. 전쟁을 준비하는 분위기가 역력했다.

그날 밤, 제로니모는 웜 스프링스 부족의 마을을 찾아갔다. 절벽 그늘 속 풀밭에 천막이 둥그렇게 늘어서 있었다. 조그만 연못도 있었다. 규모가 꽤 큰 정착지였다. 제로니모는 말에서 내려 커다란 천막 앞으로 걸어갔다. 모닥불이 약하게 타오르고 있었다. 제로니모는 모닥불 앞에 조용히 앉았다. 잠시 후 천막에서 어깨에 담요를 두른 늙은 아파치 한 명이 나왔다. 얼굴은 주름으로 가득했고 머리는 백발이었다. 그는 모닥불을 사이에 두고 제로니모 맞은편에 앉았다.

노인은 웜 스프링스 부족의 추장 쿠칠로였다. 그의 뒤로 전사들이 하나둘 몰려들기 시작했다. 익히 그 명성을 들어온 제로니모라는 사람을 보기 위해서였다. 작지만 단단한 근육질의 몸과 가느다란 입술, 번득이는 눈빛과 두 뺨을 가로지르며 그려진 노란 줄무늬는 그가 제로니모임을 증명하고 있었다. 쿠칠로와 제로니모는 침묵을 지키며 앉아 있었다. 잠시 동안의 침묵은 정중함을 뜻한다. 쿠칠로가 먼저 침묵을 깨며 말했다.

"우리 부족을 찾아 주다니, 반갑소. 제로니모."

"고맙습니다."

정중하게 인사한 제로니모는 고개를 들어 늙은 추장을 쳐다보며 말했다.

"이곳까지 오면서 수많은 푸른 외투 순찰대와 요새를 보았습니다."

쿠칠로는 빙그레 웃었다.

"그렇소. 정말 많지요. 하지만 그 정도는 받아들일 공간이 있소. 이제 더 이상 늘어나진 않을 것이오."

제로니모가 단호하게 고개를 저었다.

"그렇지 않을 것이오. 그들은 끊임없이 몰려들 겁니다."

쿠칠로가 웃었다.

"무슨 일이든 끝이 있는 법이오. 게다가 그들은 우리 친구들이오. 그들이 그렇게 말했소. 그들은 멕시코인과는 다르오. 그들은 우리를 공격하지 않소. 우리를 노예로 만들고 싶어 하지 않소."

제로니모는 깊은 한숨을 내쉬었다. 그리고 추장 뒤에 늘어서 있는 전사들을 향해 소리쳤다.

"푸른 외투는 우리 친구가 아니오. 그들의 목적은 다른 곳에 있소. 그들은 자신들의 욕심을 채우기 위해서라면 친구도 죽이고 노예로 만들 것이오."

쿠칠로의 얼굴이 굳어졌다. 쿠칠로는 거친 목소리로 말했다.

"우리는 약속했소. 나와 코요테로 부족와 메스칼레로 부족의 추장들, 톤토의 델쉐이 추장, 그리고 망가스와 코치스도 약속했소. 이 약속은 지켜야만 하오. 이것은 법이오."

더 이상의 말이 필요없을 것 같았다. 제로니모는 무례하게 자리를 박차고 일어섰다. 그리고 말에 올라타 주먹을 불끈 쥐며 크게 소리쳤다.

"육신의 평화를 얻고자 한다면 그 대가로 자신의 영혼을 팔아야 할 것이오. 평화는 목적이 아니라 조건이오. 평화는 우리 영혼과 마음이 자유로울 때에만 가치가 있는 것이오. 당신은 영혼을 살해하는 혹독한 전쟁을 치르고 나서야 육신의 평화를 구할 수 있을 것이오."

제로니모가 말머리를 돌리려는 순간, 젊은 전사가 앞을 가로막았다.

"당신은 정말 푸른 외투가 그렇게 늘어날 거라고 확신합니까?"

각진 턱과 높은 이마를 가진 강인해 보이는 젊은이였다.

"당신 이름이 뭐요?"

"나는 빅토리오라고 합니다."

"그렇소. 빅토리오. 그들은 강가의 조약돌보다 많아질 것이오. 당신은 그들의 노예가 되거나 그들을 보고 그 수를 세게 될 거요. 죽지 않는다면 말이오."

제로니모는 계곡 밖으로 거칠게 말을 몰았다.

그로부터 일 년이 채 못 되어 쿠칠로는 총에 맞아 죽었다. 평소 알고 지내던 미 육군 순찰 대원에게 반갑다는 표시로 손을 흔들었을 뿐이었다. 나중에 육군성에는 순찰 대원의 실수였다고 보고되었다. 그의 뒤를 이은 델가디토 추장 역시 일 년을 채우지 못했다. 푸른 외투 친구를 방문하고 오조 칼리엔테 기지를 걸어 나오다가 한 군인이 운동 삼아 쏜 총에 등을 맞은 것이다. 그 후 움직일 때마다 피바람을 몰고 다니는 젊은 추장이 델가디토의 뒤를 이어받게 되었다. 그가 빅토리오였다.

코치스 전쟁

흰 눈이 처음 애리조나 주에 왔을 때 추장 코치스는 그들을 환영했다. 1856년에는 캘리포니아 주 남부로 가는 군인이 치리카우아 지역을 통과해도 좋다고 허락했다. 대륙 횡단 우체국이 아파치 요새에 역마차 역을 설치할 때도 코치스는 반대하지 않았다. 가까이 사는 치리카우아족은 역에 필요한 재목을 잘라 물물교환을 하기도 했다.

1861년 2월, 어느 날 코치스는 아파치의 길의 한 장교로부터 회담을 갖자는 전갈을 받았다. 늘 있는 일이므로 코치스는 부인과 아들과 동생과 조카 둘을 데리고 갔다. 그를 보자고 한 장교는 제7보병 부대의 조지 바스콤 중위였다. 그들은 먹을 것을 내오며 우호적으로 코치스 일가족을 맞이하였다.

그러나 바스콤의 첫마디는 전혀 엉뚱한 내용이었다.

"존 워드라는 사람이 당신을 신고했소. 농장의 가축이 도난당하고 양아들까지 사라졌다는 내용이요."

코치스도 그 아이에 대한 소문을 들어 알고 있었다.

"우리 부족이 한 짓이 아니오. 듣기로는 힐라 강 유역의 코요테로 지파 가워드 농장을 습격했다고 하오. 지금쯤 블랙마운틴에 있을 것이오."

"우리를 속이려고 하지 마시오. 우리는 분명히 당신네 부족 짓이라고 신고를 받았소."

"만일 시간을 준다면 우리가 찾아보도록 하겠소."

그때까지만 해도 코치스는 이 젊은 중위가 농담을 하고 있다고 생각했다.

"찾는 것은 우리 토벌대의 임무요. 그동안 당신과 부하들을 억류하기로 했소."

그 말과 동시에 바스콤이 손짓을 했고, 그 즉시 먹을 것을 들고 있던 군인들의 총이 불을 뿜어댔다. 그러나 코치스가 조금 더 빨랐다.

코치스는 재빨리 칼로 천막을 찢고 튀어 나갔다. 아무도 예상치

못한 순식간에 일어난 일이었다. 밖에서 포위하고 있던 군인조차 너무 놀라 홍해처럼 갈라졌다. 총탄을 뚫고 탈출한 코치스는 비록 부상을 당했지만 날쌔게 미군의 추격을 피했다. 그러나 가족들이 미군에게 붙잡혀 있었다. 코치스는 곧바로 백인 세 명을 볼모로 잡고 소리쳤다.

"다시 말하지만, 나는 그 아이에 대해서 아무것도 모른다. 하지만 아이를 찾도록 도와주겠다. 그러니 당장 가족들을 풀어 달라."

그러나 바스콤은 눈도 깜짝하지 않았다.

"먼저 아이를 보내라. 그러면 가족을 풀어 주겠다."

"같은 말을 되풀이하게 하지 말아라. 아이는 데리고 있지 않다. 가족을 풀어 주지 않으면 인질을 죽이겠다."

"나도 같은 말을 되풀이하지 않는다. 아이를 보내라."

그때 볼모로 잡힌 군인이 겁에 질려 소리쳤다.

"코치스 추장은 거짓말을 하지 않습니다. 이 사람은 아이를 데리고 있지 않습니다. 당장 인질을 교환하지 않으면 우리를 죽일 겁니다."

바스콤은 끄덕도 하지 않았다.

"싫다. 아이를 보내야 가족을 풀어 주겠다."

코치스는 미군의 완강하고 배반적이며 무지한 태도에 분개했다. 코치스는 볼모 한 명을 묶어 말에 매단 후 다시 말했다.

"마지막으로 경고한다. 가족들을 풀어 줘라."

"아이를 먼저 풀어 줘라."

코치스는 말에 박차를 가했다. 볼모의 절규가 들판을 뒤흔들었다. 나머지 볼모 두 명 역시 그렇게 비명을 남기고 죽을 때까지 바스콤은 고집을 꺾지 않았다. 세 명의 볼모가 모두 죽자 그때를 기다렸다는 듯 바스콤도 인질을 데려오라고 했다. 바스콤은 코치스가 보는 앞에서 아들과 동생과 조카 한 명을 축사 대들보에 목매달았다.

사흘 뒤, 아파치 전사들이 산속으로 속속 모여들었다. 망가스 콜로라도가 베돈코에족을 이끌고 사위 코치스를 돕기 위해 나타난 것이다. 아파치족의 대추장 망가스는 당시 일흔 살이었으나 탑처럼 우뚝 솟은 코치스보다 더 컸다. 애리조나 주와 뉴멕시코 주에 사는 여러 지파 가운데는 망가스를 추종하는 인디언들이 많았다. 코치스의 가족이 살해된 후 두 사람은 백인을 몰아내기 위해 힘을 합했다. 제로니모는 일개 전사로 참여했다. 부족민들을 위해 싸우는 일이라면 계급 따위는 상관없었다. 제로니모는 언제든 전투에 나설 준비가 되어 있었다. 이때부터 치리카우아족은 멕시코 사람들에 대한 증오를 미국인에게로 돌렸다. 그 인디언이 치룬 그 어떤 전쟁보다 끔찍한 희생을 불러올 게릴라전에 돌입하게 된 것이다.

십 년간의 이 전쟁을 백인은 '코치스 전쟁'이라고 불렀다. 이때부터 1886년, 제로니모와 나이치가 잔류 부족을 이끌고 마지막까지 투항할 때까지 아파치족은 백인과의 전쟁을 멈추지 않는다.

인디언 몰살 작전

그 무렵 남북 전쟁이 일어났다. 덕분에 평원의 인디언들은 잠시나마 숨통을 틀 수 있었다. 그러나 치리카우아족은 더 위태로운 상황에 처했다. 남부 연합군희색 외투과 북부 연방군푸른 외투이 동시에 치리카우아족 지역으로 침입해 들어왔기 때문이다. 양측 모두 아파치의 머리 가죽에 현상금을 내거는데 주저하지 않았다.

1862년, 남부군 주지사 존 베일러는 애리조나 주 사령관에게 다음과 같은 지시문을 내려보냈다.

"본인은 인디언이 조약을 맺기 위해 귀관의 초소에 와 있다는 말을 들었소. 남부 의회는 모든 적대적인 인디언의 말살을 선포하는 법을 통과시켰소. 당신은 아파치는 물론 어느 부족이라도 화평을 맺으러 초소에 들어오도록 모든 수단을 다 사용해서 설득하시오. 그들이 모이면 성인은 다 죽이고 아이는 포로로 잡아 팔아 버린 뒤 인디언을 살해하는 데 드는 비용을 충당하시오. 위스키와 인디언에게 필요한 물품들을 구입하시오. 지불한 비용에 대해 영수증을 꼭 써 주도록 지시하겠소. 성공을 확고히 하기 위해 모든 수단을 강구하고 단 한 명의 인디언도 빠져나가지 못하도록 주변에 충분한 병사들을 배치하시오."

다행스럽게도 이 명령이 너무 무작하다고 생각한 남부군 고위 지휘관 덕분에 계획이 실행되지는 않았다. 그러나 머지않아 아파치들은 더욱 가혹한 운명을 맞이하게 되었다.

그해 봄, 북군이 뉴멕시코 주로 진군해 온 것이다. 캘리포니아 주 부대라고 불리던 군대였다. 인디언이 별 대장이라고 부르는 제임스 칼턴이 지휘관이었다. 칼턴의 부대는 리오그란데 강의 계곡에 진을 쳤지만 남군이 텍사스로 도망가 버려 싸울 상대가 없었다. 그러나 얼마 안 있어 칼턴은 곧 할 일을 찾아냈다. 그가 서 있는 땅이 '황금의 땅이며 장엄한 전원, 그리고 풍부한 광석이 묻혀 있는 보고'라는 사실을 알게 된 것이다. 칼턴은 인디언을 싸움 상대로 정했다. 인디언은 산속을 달리는 늑대이므로 없애 버려야 한다고 주장한 것이다.

칼턴은 제일 먼저 메스칼레로 아파치족을 노렸다. 천 명도 못 되는 그들은 리오그란데 강과 페코스 강 사이에 흩어져 살고 있었다. 칼턴의 계획은 메스칼레로족을 몰살하거나 사로잡고 생존자들은 페코스 강 쪽, 한 푼의 값어치도 없는 주거 지역으로 몰아넣는 것이었다. 그러면 비옥한 리오그란데 골짜기의 땅은 백인들 차지가 될 것이다.

1862년 9월, 칼턴은 다음과 같은 명령을 내렸다.

"인디언과는 어떤 회의나 회담도 갖지 않을 것이다. 남자들은 장소나 시간을 막론하고 발견 즉시 사살해 버려라. 아녀자들은 죽이지 말고 포로로 잡아라."

무지막지한 선전 포고를 들은 다섯 명의 추장이 협상을 하기 위해 칼턴 장군을 찾아갔다.

"도대체 왜 우리를 삶의 터전에서 쫓아내려고 하는가. 처음에 당신네 흰 눈에게 땅을 제공한 것은 함께 나눠 쓰자는 뜻이지 당신들이 독차지하라고 한 것은 아니었다. 세상에 그런 경우는 없다."

"우리는 1천만 평에 이르는 땅을 옷 일곱 벌, 괭이 여덟 자루, 도끼 아홉 자루, 무명 옷감 구 미터, 칼 스무 자루를 주고 샀다. 이제 이 땅은 우리 것이다. 누구도 우리 소유의 땅을 함부로 침입해서는 안 된다."

"당신들이 소유라고 부르는 그것이 무엇인가? 땅은 누구도 소유할 수가 없다. 땅은 우리에게 어머니나 마찬가지이다. 그 어머니는 자식인 동물과 새, 물고기, 그리고 모든 인간을 먹여 살린다. 숲과 강물 등 땅에 있는 것은 모두에게 속한 것이며, 누구나 그것을 사용할 수 있다. 어떻게 한 인간이 그것을 오직 자신의 것이라고 주장할 수 있는가."

"그럼 왜 우리에게 땅을 팔았는가."

"당신들은 자신들의 나라를 떠나 낯선 곳에 온 사람들이 아닌가. 그래서 우리가 이 땅을 함께 사용할 권리를 당신들에게 준 것이다. 당신들이 정말 원하는 것이 무엇인지 모르겠다. 당신들의 사고방식과 우리의 방식은 크게 다르다. 우리는 우리의 종교와 우리의 방식대로 자유롭게 아이를 키우기를 원한다. 자유롭게 사냥하고, 물고기를 잡고, 평화롭게 살고 싶은 것이 유일한 우리의 소망이다.

우리는 백인과 화평하게 지내고 싶다. 당신네 무기는 우리 것보다 우수하다. 우리에게 똑같은 무기를 준다면 우리는 다시 당신들과 싸울 것이다. 하지만 우리는 지쳤고 더 이상 싸울 마음이 없다. 식량도 없고 살 방도도 없다. 당신의 부대는 사방에 있다. 샘이나 물웅덩이는 당신의 젊은 병사들이 차지하고 있다. 당신네는 우리를 마지막으로 남은 최대의 요새에서 몰아내었다. 당신의 뜻에 따라 우리를 처리해도 좋지만 우리가 사내이고 용사라는 사실을 잊지 말기 바란다."

칼턴은 거만하게 말했다.

"당신들이 화평을 유지할 수 있는 방법은 단 한 가지, 보스크 레돈도 주거 지역으로 들어가는 것뿐이다. 그렇게 하지 않으면 당신들을 추적해서 사살할 것이다. 우리는 우리가 제시한 조건을 제외하고는 그 어떤 조건으로도 당신들과 화평을 유지하지 않을 것이다. 당신들이 이 세상에 존재하지 않거나 옮겨가기 전까지 이미 시작된 이 전투는 계속될 것이다. 이 문제에 대해서 더 이상의 대화는 없다. 열흘의 말미를 주겠다."

칼턴의 경고에도 불구하고 그 시간까지 나타난 인디언은 한 명도 없었다. 산속 깊숙이 숨어 있는 인디언을 찾아내는 일은 쉽지 않았다. 그래서 칼턴은 모든 곡식과 가축을 없애 버리고 근거지를 불태우는 초토화 작전을 쓰기로 했다. 그들은 나바호족의 가축을 모두 몰아오고 겨울 양식인 옥수수와 밀을 불태웠다. 그 모습을 목격한 나바호 사수가 군인 한 명을 쏘아 그 자리에서 즉사시켰다. 인디언의 대담한 보복에 칼턴은 매우 격분했다. 칼턴은 현상금을 내걸었다. 말이나 노새 한 마리는 20달러였고 양 한 마리는 1달러였다.

20달러도 못 되는 형편없는 월급을 받고 있던 병사들에게는 군침이 도는 조건이었다. 나중에는 나바호족 인디언에게도 적용됐다. 그들은 나바호족을 공격해 머리에 묶고 다니는 붉은 매듭을 잘랐다. 머리 가죽을 벗기는 야만스러운 짓은 스페인 사람들이나 하는 줄 알고 있던 인디언들은 경악했다. 나바호족 추장은 칼턴을 찾아가 강력하게 항의했다. 칼턴은 눈도 깜짝하지 않았다.

"보스크 레돈도로 가라. 이 전투는 몇 년이 걸려도 계속될 것이다. 이 문제에 대해 더 이상의 대화는 없다."

동시에 칼턴은 워싱턴 국방부에 편지를 써서 추가 병력을 요구했다.

"이곳에서 새로운 금광을 발견하였다. 인디언을 제압하고, 금광으로 오가는 백인을 보호하기 위해 더 많은 병력이 필요하다. 신은 진정 우리에게 축복을 내렸다. 황금은 여기 우리의 발치에 널렸다. 우리는 그저 주워 담기만 하면 된다."

그해 겨울, 보스크 레돈도로 투항하는 인디언의 행렬이 쉬지 않고 이어졌다. 메스칼레로족 대부분이 보스크 레돈도로 끌려가거나 멕시코로 도망갔다. 부족민 500명을 데리고 석 달 동안 숨어 있던 나바호족 추장 델가디토도 혹심한 추위와 굶주림에 지쳐 보스크 레돈도로 투항했다. 요새의 인원수는 3천 명까지 불어났다. 한겨울에도 옷이나 이불이 없어 풀을 덮고 자는가 하면 전염병까지 돌았다. 식량 배급까지 모자라 노인과 어린아이가 죽기 시작했다.

3월에는 산속에서 버티던 나바호족의 긴 행군이 시작됐다. 보스크 레돈도로 향하는 오백 킬로미터에 이르는 눈길에는 겁에 질린 인디언들로 가득 찼다. 살을 에는 추위와 굶주림, 질병과 병사들의 조롱은 차라리 견딜 만했다. 다시는 고향으로 돌아갈 수 없을지 모른다는 상실감과 그리움, 절망감은 마지막 한 줌의 버틸 힘마저 앗아갔다. 그들은 눈물을 흘리며 걸었다. 무정한 목적지에 도달하기 전에 197명이 죽어갔다.

칼턴은 인디언들의 이주가 성공적으로 진행되는 것을 흡족하게 지켜보고 있었다. 그는 성가대에게 이것을 축하하는 노래를 부르도록 지시하고, 국방부에도 자신의 공적을 보고했다.

"어쨌든 인디언과는 전투를 벌이는 것보다 이들을 먹여 살리는 것이 경비가 훨씬 싸게 먹힙니다. 이들이 우리에게 바친 목가적이면서도 황금이 파묻혀 있는 엄청난 땅을 생각해 보십시오. 그 가치는 비교할 수가 없습니다. 그들의 목숨을 부지하기 위해 경비가 드는 건 사실이지만 그들이 우리에게 바친 것에 비하면 아무것도 아니지요."

망가스 추장의 죽음

마침내 칼턴은 수천 명의 군사를 이끌고 치리카우아 지역 심장부로 들어왔다. 그들은 식수를 보충하기 위해 아파치의 길 근처 우물가에 멈추곤 했다. 사슴이 뿔을 가는 달 7월 15일, 망가스와 코치스는 우물이 내려다보이는 바위 언덕에 전사 5백 명을 배치했다. 서쪽에서 3백 명 가량의 군인이 들어섰다. 수레 두 대를 이끌고 있는 보병 중대를 기병대가 호위하고 있었다. 아파치 전사들은 일제히 총과 화살을 쏘아대며 기습 공격을 감행했다. 미군은 잠시 응사하다가 황급히 퇴각했다.

잠시 후 미군은 전투 대형을 갖춘 뒤 수레 두 대를 굴리며 진군해 왔다. 그들을 가려 줄 엄폐물은 하나도 없었고 언덕 위에는 아파치들이 진을 치고 있었다. 그들을 몰살시키는 일은 시간 문제였다. 그런데 갑자기 수레에서 커다란 불꽃이 터져 나왔다. 순간 천지가 진동하는 소리가 나더니 먹구름 같은 연기가 피어올랐다. 벼락이 친 것처럼 바위가 흔들리고 쇠붙이 파편이 공중으로 튀었다. 아파치들은 공포에 휩싸여 뿔뿔이 흩어졌다. 전에 스페인 군의 조그만 대포 소리는 들은 적이 있지만 천둥소리를 내는 대포는 처음이었다. 산과 하늘이 두 쪽 날 것 같은 소리였다. 우물은 백인의 차지가 되었다.

그러나 망가스와 코치스는 맑은 물이 흐르는 우물과 언덕을 포기할 마음이 없었다. 미군에게서 대포만 빼앗을 수 있다면 기회는 아직 있을 것이다. 다음 날 아침 기병 소대가 서쪽으로 돌아가는 모습이 보였다. 아파치의 공격을 알리고 지원병을 요청하러 가는 듯했다. 망가스는 말 탄 전사 50명을 이끌고 그들의 퇴로를 차단하기 위해 습격을 감행했다. 추격전에서 망가스는 가슴에 부상을 입고 말에서 떨어졌다. 추장의 부상으로 사기를 잃은 아파치들은 추장을 둘러매고 즉각 퇴각했다. 피를 많이 흘린 망가스는 의식이 없었다. 생명이 위태로웠다. 마술사의 주술로는 가망이 없을 것 같았다. 코치스는 장인을 들것에 실어 백육십 킬로미터이나 떨어진 멕시코 마을까지 달려갔다. 그 마을에 사는 외과의에게 장인을 맡기며 코치스는 짤막한 말을 던졌다.

"이 사람을 살려내라. 만약 이 사람이 죽으면 이 마을도 없어질 것이다."

몇 달 후 망가스는 솜브레로챙 넓은 모자와 세라피스페인계 중남미 여러 나라에서 쓰는 화려한 어깨걸이를 두르고 밈브르 산으로 돌아왔다. 전보다 수척해지고 주름살이 늘었지만 여전히 말을 잘 타고 활을 잘 쏘았다. 망가스가 산속에서 쉬고 있을 때 칼턴 장군이 메스칼레로 아파치족을 보스크 레돈도에 몰아넣었다는 소식이 들려왔다. 미군은 도처에서 아파치족을 색출해 엄청난 대포로 무참히 몰살시키고 있었다.

마음 깊은 곳에 머무는 달1863년 1월, 아파치족 대추장 망가스는 밈브르 강가에 진을 치고 있었다. 그는 죽기 전에 모든 아파치족이 평화롭게 사는 풍경을 보고 싶었다. 1852년, 망가스는 샌타페이에서 백인과의 조약에 서명한 일이 있었다. 그것은 영구적인 평화와 우정을 나누겠다는 약속이었다. 그 후 몇 해 동안은 평화가 지속되었다. 그러나 지금은 전쟁과 죽음만이 기다리고 있었다. 복수는 복수를 낳을 뿐이었다. 이대로 가다가는 부족민 전체가 멸족할지도 모를 일이었다. 코치스나 제로니모, 빅토리오처럼 용감한 전사조차 거대한 미국을 무릎 꿇게 할 수는 없을 것이다. 인정하고 싶지 않지만 그것이 현실이었다. 지금이야말로 거대한 들소 떼 같은 미국인과 다시 한 번 조약을 맺어야 할 때가 아닌가.

그러던 어느 날, 한 멕시코인이 백기를 들고 망가스 진영으로 찾아왔다. 그는 미군이 평화 회담을 갖기를 원한다고 전했다. 망가스에게 그 소식은 신의 계시처럼 느껴졌다. 망가스는 별 대장 칼턴과 담판을 벌이고 싶었지만 그 대신 캘리포니아 주 지원병 부대의 작은 대장인 에드먼드 셜랜드를 만나러 갔다. 그가 다른 백인보다 믿을 만하며 인디언에게 부당한 짓을 하지 않는다는 소문이 있었다. 전사들과 코치스는 자신이 배신당했던 일을 일깨우며 가지 말라고 극구 만류했다. 제로니모 역시 말렸다. 웜 스프링스 아파치족의 새 추장이 된 빅토리오도 말렸다. 그러나 노추장은 듣지 않았다.

"나는 이제 힘없는 노인이다. 아무리 악귀 같은 미군이라도 화친을 맺으러 간 노인에게 설마 해코지를 하겠는가?"

하는 수 없이 전사들이 그를 호위하기로 했다. 망가스는 세 명의 전사들과 함께 에드먼드 셜랜드를 만나러 갔다. 셜랜드는 어떤 요구도 다 들어줄 것처럼 우호적이었다.

"이곳으로 부족민 모두를 데리고 오시오. 그렇게 한다면 식량을 제공해 주는 것은 물론이고, 평화롭게 정착해서 살 수 있도록 해 주겠소."

"좋소. 어디에 살든 그것은 우리가 양보하겠소. 다만 평화를 보장해 주시오."

"오기만 한다면, 평화는 내가 보장하겠소."

"그렇다면 2주일간의 시간을 주시오."

마을로 돌아온 추장은 부족민들을 소집해 회의를 열었다.

"흰 눈의 말을 믿는 건 어리석은 짓이오. 속임수가 분명하오. 나는 절대로 가지 않을 것이오."

제로니모는 백인의 말을 믿으면 안 된다고 강력히 주장했다. 그러나 오랜 전쟁과 떠돌이 생활에 지친 부족민 중에는 망가스의 말을 따르고 싶어 하는 이들도 있었다. 설전을 지켜보던 망가스가 중재안을 냈다.

"그렇다면 일부는 나를 따라가고 일부는 제로니모를 따라가도록 합시다. 만일 흰 눈이 조약을 충실히 이행한다면 나머지 부족민도 합류하도록 합시다."

제로니모는 애리조나 주에 남아 부족민을 책임지기로 했다. 백인이 배신할 경우에 대비하여 대부분의 무기와 탄약을 선발대에게 넘겨주었다. 망가스가 이끄는 부족민은 친절한 백인을 만나 평화롭고 풍족하게 살 수 있으리라는 꿈을 안고 뉴멕시코 주를 향해 떠났다. 이후 그들에게서 아무런 소식도 전해 오지 않았다. 그들이 배반을 당해 살해되거나 사로잡혔다는 소문만 들려왔다. 제로니모는 부족들을 이끌고 아파치의 길 근처의 산으로 들어갔다.

아파치의 대추장 망가스 콜로라도는 비참하게 생을 마쳤다. 망가스와 부족민은 휴전 협정에 의해 안전을 보장받고 있는 상태였다. 그러나 망가스가 요새로 들어서자마자 덤불 속에 숨어 있던 수십 명의 병사들이 총을 겨누며 튀어나왔다. 무방비 상태에서 포로가 된 것이다. 망가스는 발등을 찧고 싶었다. 망가스는 빙그레 미소 짓고 있는 셜랜드를 향해서 말했다.

"나는 늙었다. 그것은 사실이다. 당신들이 나를 늙은 바보에 불과하다고 말해도 좋다. 그렇지만 나는 백번이라도 얼굴 붉은 늙은 바보가 되고 싶지, 당신들처럼 얼굴 흰 도둑놈이 되고 싶진 않다."

그리고는 입을 다물어 버렸다. 두 명의 보초가 망가스를 감시했다. 밤이 되자 혹독하게 추워지기 시작했고 보초들은 몸이 얼지 않도록 모닥불을 피워 놓았다. 추위와 잠을 쫓기 위해 동동거리던 보초들은 망가스를 툭툭 건드렸다. 피를 부르는 사나운 아파치 전사의 우두머리가 쇠사슬에 묶인 채 고개를 떨구고 있는 모습이 재미있어 죽겠다는 표정이었다. 심지어는 대검을 불에 달궈 망가스의 팔과 다리를 지지기도 했다. 그들은 어차피 내일이면 그가 죽게 되리라는 사실을 알고 있었다. 장군이 망가스를 보며 했던 말을 들었던 것이다.

내일 그 녀석을 살리든지 죽이든지 결정을 하겠다. 물론 나는 저자가 죽었으면 한다.

망가스는 계속되는 고문을 더 이상 견딜 수 없었다. 무엇보다 수치심을 견딜 수가 없었다. 그는 자리에서 벌떡 일어나 "나는 너희들이 데리고 놀 어린애가 아니다!"라며 스페인 말로 타일렀다. 그 소리가 채 끝나기도 전에 보초들은 기다렸다는 듯이 총을 들이댔고 동시에 총알이 그의 몸을 꿰뚫고 지나갔다.

망가스가 쓰러졌는데도 보초들은 계속 쏘아댔다. 보초 한 명이 망가스의 머리 가죽을 벗겨냈고 다른 보초는 목을 잘라 물에 넣고 끓였다. 골상학자에게 해골을 팔면 돈이 될 거라는 이유였다. 그리고 머리가 없는 망가스의 시체를 도랑에 던져 버렸다.

이 사건에 대한 웨스트 장군의 공식 보고서에는 다음과 같이 기록되어 있다.

"구 멕레인 요새 근처에서 아파치와 소규모 전투가 벌어져서 적군 여러 명을 사살하고 패주시켰다. 우리는 그들의 추장 망가스 콜로라도를 생포했으며 탈출을 시도하는 그를 사살했다. 아군의 손실은 없다."

물론 그날 흰 눈은 아무 손실도 입지 않았다. 그러나 상황은 곧 바뀌게 된다. 그들은 아파치 추장들 가운데서 가장 존경받는 추장을 살해한 것이다. 망가스는 제로니모가 어렸을 때부터 우상처럼 떠받들어 온 인물이었다.

아파치들은 결사적으로 싸웠다. 망가스가 사망하자, 베돈코에족은 코치스와 합류하여 치리카우아 아파치로 알려진 무리를 이루었다. 그들은 망가스의 죽음에 보복하기 위해 처절하게 싸웠다. 애리조나 주의 치리카후아에서부터 뉴멕시코 주의 밈브르 산에 이르기까지 제로니모와 코치스가 이끄는 아파치 전사 300명은 배신을 밥 먹듯이 하는 백인을 몰아내다가 죽어도 좋다는 각오로 피비린내 나는 전투를 개시했다. 빅토리오는 보스크 레돈도에서 탈출해 나온 메스칼레로족을 포함해 또 다른 지파를 모아 리오그란데 강 연안의 정착민촌과 소로를 습격했다. 2년 동안 이 소규모 아파치 족은 떼를 지어 다니며 남서부 지역을 소요 속으로 몰아넣었다. 아파치족은 대부분 활과 화살만으로 무장하고 있었다. 화살대는 90센티미터 길이의 연약한 갈대를 썼고 깃털 세 개를 달았다. 살촉은 석영을 세모꼴로 날카롭게 갈아서 끼운 것이었다. 화살촉이 들쭉날쭉한 V자 모양으로 새겨져 관통력이 웬만한 총과 맞먹었다. 아파치는 이런 정도의 무기만으로도 전투를 치르는데 문제가 없었다. 그러나 전사의 수가 100대 1에도 못 미칠 정도로 열세였다.

남북 전쟁이 끝나고 칼턴이 물러난 뒤 미국 정부는 아파치 족에 대한 화친을 시도했다. 넓은 잎사귀의 달1865년 4월에 빅토리오는 샌타 리타에서 미국 대표와 만났다.

"나와 부족민은 전쟁에 지쳤소. 먹고 입을 것도 없소. 우리는 화평을 원합니다. 나는 손과 입을 차가운 샘물로 씻었소. 내가 말한 것은 진실이오."

주재관의 답변은 간단했다.

"당신들은 보스크 레돈도의 주거 지역으로 들어가야 평화롭게
살 수 있소."

보스크 레돈도에 대해서 들려오는 비참한 소식은 이미 들어서
알고 있는 것이었다.

"나는 당신이 말한 것을 담을 호주머니는 없지만 그 말은 내 가
슴 깊이 가라앉았으니 잊지 않을 것이오."

빅토리오는 주거 지역으로 떠나기 전에 이틀 동안의 시간을 요
청했다. 그는 부족민들과 말을 모을 시간이 필요했다. 그러나 사흘
후 약속 장소에는 단 한 명의 아파치도 나타나지 않았다. 증오스런
보스크 레돈도로 가기보다는 차라리 굶주림과 궁핍, 죽음을 맞는
것이 나았다. 일부는 남쪽 멕시코로 흘러 들어갔고 다른 사람들은
드러군 산의 코치스와 합류했다.

코치스 전쟁은 계속되어 10년을 끌었다. 지긋지긋한 전투에 시
달려야 했던 백인들은 워드라는 자에게 좀더 자세히 내막을 캐묻
지 않은 것을 후회할 지경이었다. 워드의 혼혈인 의붓아들인 미키
푸리는 아버지의 학대를 피해 도망쳤는데 후에 치리카우아 전투에
서 정찰병이 되었다.

인디언이 바라는 것

1871년 6월, 인디언이 '회색 늑대'라고 부르는 조지 크룩 장군이 애리조나 주 사령관으로 부임했다. 그로부터 얼마 뒤에는 인디언국 특사 빈센트 콜리어가 그랜트 기지에 도착했다. 두 사람 모두 아파치 지도자인 코치스를 만나고자 했다. 미국 정부는 뉴멕시코 주와 애리조나 주에 아파치를 위해 주거 지역을 마련해 놓았지만 그곳에서 살려는 아파치는 거의 없었다. 이 일을 평화롭게 완수하기 위해서는 코치스의 도움이 절대적으로 필요했다. 그러나 코치스의 종적은 묘연했다. 코치스는 5년 가까이 군 요새와 정착촌 근처에 얼씬도 하지 않았다. 말이나 양 같은 가축을 포획하기 위해

간간이 농장에 출몰하면서 살았을 뿐이다. 남북 전쟁이 끝나고 별대장 칼턴이 떠난 후, 아파치 지역에서 군사적인 전투는 없었다. 그러나 일정한 주거지 없이 떠도는 인디언과 그들의 땅을 치고 들어오는 백인 이주자나 광부, 화물업자 사이에 갈등과 충돌은 더욱 잦아졌다. 고향을 잃은 아파치의 습격은 광기에 차 있었고, 백인은 공포에 떨었다. 그때마다 백인들에게 가장 널리 알려진 코치스가 모든 덤터기를 뒤집어쓰게 되었다.

콜리어는 코치스를 찾기 위해 애리조나 주에서 멕시코 국경까지 샅샅이 뒤졌다. 마침내 정찰병이 정보를 가지고 왔다. 그동안 치리카우아족들은 멕시코에 머물고 있었는데 멕시코 정부가 아파치 머리 가죽에 300달러의 현상금을 내걸고 소탕 작전을 시작했다는 것이었다. 그들은 작은 무리로 흩어져 애리조나 주의 옛 본거지로 돌아오고 있는 중이었다. 코치스는 드러군 산 중 어딘가에 있었다. 콜리어는 당장 부대를 이끌고 애리조나 주 령으로 들어갔다. 도중에 그는 조지 크룩 장군과 마주쳤다. 그 역시 코치스를 찾기 위해 5개 기병 중대를 풀어 치리카후아 산을 샅샅이 뒤지고 있었다. 크룩은 코치스와 직접 담판을 지을 욕심으로 콜리어에게 즉시 돌아가라고 명령했다. 그러나 코치스는 크룩의 손아귀를 유유히 벗어났다. 대신 산타 페이에 있는 고든 그레인저 장군에게 앨라모사에서 회담을 갖자는 전갈을 보냈다. 그레인저가 호위대를 이끌고 회담장에 도착했을 때 코치스는 미리 와서 기다리고 있었다. 두 사람 모두 문제가 원만히 해결되기를 열망하고 있었다. 그레인저로서는 유명한 아파치 추장의 투항을 받아내 명성을 떨칠 절호의 기회였고, 코치스에게도 이 회담은 그가 다다른 막다른 길이었다.

은발의 머리카락을 길게 늘어뜨린 코치스는 몹시 지쳐 보였다. 어느덧 예순 살이 다 되어 있었다. 그레인저는 치리카우아족이 평화롭게 지내고 싶다면 주거 지역으로 들어가야 한다고 말했다.

"그리고 통행증 없이 주거 지역을 떠나서도 안 되오. 국경을 넘어 멕시코를 마음대로 드나드는 것은 더욱 있을 수 없는 일이오."

코치스는 나직한 목소리로 대답했다.

"내가 바라는 것은 오직 굳건하고 영구적인 평화요. 하느님이 세상을 만들 때 한쪽은 백인에게 다른 쪽은 아파치에게 주었소. 왜 그랬을까요? 왜 그 둘은 이 세상에 함께 오게 되었나요. 백인들은 나를 오래 찾았소. 나는 지금 여기 있소. 무엇을 원하는 거요. 어째서 내가 그만한 값어치가 있다는 거요. 내가 그만한 가치가 있으면 왜 내가 발을 디디는 곳에 표시를 하지 않고 내가 침을 뱉을 때 쳐다보지 않는 거요.

나는 더 이상 모든 아파치족의 추장도 아니오. 젊었을 때 나는 이 땅을 동서로 마음껏 활보하고 다녔소. 그때는 아파치족 말고 다른 종족은 눈에 띄지도 않았었소. 그런데 수많은 여름이 지나간 뒤

다시 둘러보니 다른 인종이 이 땅을 차지하고 있소. 이게 어찌 된 일이요? 아파치족이 죽기를 기다리며 실낱같이 아슬아슬한 삶을 이어가다니.

내게 이야기해 주시오. 성모 마리아가 이 세상 모든 곳을 다녔다면서 아파치의 오두막에 들어오지 않는 까닭은 무엇이오. 왜 우리는 마리아를 보지도 못하고 듣지도 못했소?

나는 당신에게 어떤 것도 숨기고 싶지 않고 당신이 내게 숨기도록 하고 싶지도 않소. 나는 거짓말을 하지 않을 것이니 내게 거짓말을 마시오."

두 사람의 회담은 주거 지역 문제로 넘어갔다.

"미국 정부는 주거 지역을 앨라모사에서 모골론 산의 툴라로사로 이동하기를 원하고 있소."

코치스는 강력히 항의했다.

"나는 이 산에서 살고 싶소. 우리 인디언은 삶에서 다른 것을 추구하지 않소. 물질이나 권력은 우리가 쫓는 것이 아니오. 그런 것은 겨울 햇살 속에 날려 다니는 마른 잎과 같이 부질없는 것이오. 우리는 매 순간을 충실하게 살고자 노력했으며, 자연 속에서 우리 자신을 돌아보는 일을 게을리하지 않소. 하루라도 평원의 한적한

곳을 거닐면서 마음을 침묵과 빛으로 채우지 않으면 갈증 난 코요테와 같은 심정이 된단 말이오. 이 대지를 방랑하며 우리를 이곳에 내려보낸 창조주의 가르침에 귀 기울이고 싶소. 우리는 다만 우리 자신이 되기를 원할 뿐이오."

그레인저 장군은 코치스의 말에 깊은 감동을 받았다. 그의 말은 가슴속에서 울려 나오는 슬픈 북소리 같았다. 거절하거나 뿌리칠 수 없는 애절함이 느껴졌다. 인간 대 인간으로서 공감하지 않을 수 없었다.

"좋소. 내가 돌아가서 정부를 설득하겠소. 치리카우아족이 맑고 시원한 냇물이 흐르는 앨라모사에 그대로 살 수 있도록 말이오."

"그 약속만 지켜진다면 멕시코인과도 더 이상 분란을 일으키지 않을 것이오. 당신이 한 말을 믿고 기다리겠소."

그레인저 장군은 최선을 다하겠노라고 했고, 코치스도 약속을 지키겠다고 했다. 두 사람의 회담은 성공적인 것처럼 보였다.

그러나 2~3개월 뒤, 모든 아파치족을 앨라모사에서 툴라로사 요새로 이주시키라는 정부 지시가 내려왔다. 이 소문을 들은 코치스는 전사를 이끌고 앨라모사를 빠져나왔다. 아파치족은 적은 수로 갈라져 다시 애리조나 주 남동쪽에 있는 건조하고 바위투성이인 산으로 들어갔다. 코치스는 그곳에 머물기로 굳게 결심했다.

"회색 늑대, 크룩. 추격해 올 테면 와라! 바위를 굴려서라도 끝까지 싸우리라. 바위가 내 머리를 덮친다 해도 상관 않겠다."

　하지만 현실은 달랐다. 코치스는 늙고 지쳐 있었다. 게다가 자기 부족은 물론, 크룩의 군대에게 궤멸 당한 길라 부족과 톤토 부족의 생존자까지도 책임져야 한다는 부담감이 어깨를 짓눌렀다. 미군의 추격을 피해 산속으로 숨은 코치스는 그 후 일 년 동안 공격 명령을 내리지 않았다.

인디언들의 약속

　하지만 제로니모는 달랐다. 백인 중 그 누구와도 협정 따위를 맺은 적이 없었다. 지켜야 할 약속도 없었다. 제로니모는 단 한 순간도 멕시코인이나 백인들에 대한 분노를 내려놓은 적이 없었다. 외부에는 그가 코치스 휘하의 대장 중 한 명으로 알려졌지만, 그는 독자적으로 행동했다. 언제나처럼 아파치 부족의 전사를 모아 전투에 나섰다. 제로니모는 고래를 공격하는 상어처럼 푸른 외투를 기습하여 일격을 가한 후 신속하게 퇴각하곤 했다. 지칠 줄 모르는 제로니모를 막을 수 있는 사람은 아무도 없었다.

　제로니모의 기습 공격에 가장 분노한 이는 회색 늑대 조지 크룩 장군이었다. 신출귀몰한 제로니모의 습격은 마치 크룩을 가지고 노는 것 같았다. 자신을 조롱하는 듯한 제로니모에게 격분한 크룩은 아파치족을 정찰병으로 고용했다. 아파치 두목을 잡기 위해서는 아파치를 앞세우는 것이 가장 지름길이라고 생각한 것이다. 인디언으로 살아가기에는 더 이상 희망이 없다고 생각하거나 백인의 삶을 동경한 이들이 미국 군대의 정찰병으로 들어갔다. 하루는 크룩 장군이 아파치 정찰병을 앞세워 다우트 풀 계곡을 지나던 중 제로니모를 발견했다.

제로니모는 바위 능선 위에 우뚝 서 있었다. 숨으려고 하기는커녕 순찰대를 향해 손을 흔들며 소리쳤다.

"네 놈들은 나를 절대로 잡을 수 없어."

크룩의 분노가 폭발했다. 그는 전면전을 선언했다. 아파치 정찰병을 100명이나 더 고용하고, 5천 명에 달하는 장교와 병사들을 끌어모았다. 오직 한 사내, 제로니모를 포획하기 위한 준비였다.

이 무지막지한 작전을 중단시킨 건 워싱턴의 정치인이었다. 인디언 관리국의 작전은 교활했다. 그들은 산카를로스에 모든 인디언을 한 자리에 모아 두기 위한 대규모 집단 수용소를 만들었다. 그러나 어떤 달콤한 거짓말로도 아파치 부족을 이 황량한 땅으로 들어오게 할 수 없다는 사실을 알고 있었다. 워싱턴의 정치인들은 음모를 꾸몄다.

우선 각각의 아파치 지파에게 따로따로 접근해서 그들을 설득했다. 각각의 부족이 원하는 곳에 인디언 보호 구역을 만들고 그곳에서 영원히 평화롭게 살 수 있도록 보장하겠다고 제안했다. 그들이 무기를 반납하고 그곳에 정착해서 농사를 짓기 시작하면, 그때 군인들이 그들을 사로잡아 산카를로스로 강제 이주시킨다는 계획이었다. 그렇게 해서 웜 스프링스 아파치 부족과 코요테로 부족이 정착했다. 보스크 레돈도에서 간신히 명목만 유지하던 메스칼레로 부족에게는 이 같은 제안을 하지 않았다. 그들은 아무런 위협도 되지 않았다. 이 계획의 걸림돌은 치리카우아 아파치 부족이었다.

옥수수를 거두어들이는 달1872년 9월에 코치스는 몇 명의 백인이 산으로 올라오고 있다는 정찰병의 보고를 받았다. 일행 중에는 톰 제퍼즈가 끼어 있었다.

대추장 망가스 콜로라도가 살아 있을 때였다. 아파치들이 북군과 한창 싸우고 있을 무렵, 제퍼즈는 보위 요새와 투산 지역을 오가며 우편물을 날랐다. 그러나 산속에 매복해 있던 아파치들의 기습 공격 때문에 더 이상 우체부 노릇을 할 수 없는 지경에 이르고 말았다.

그는 코치스의 본거지로 찾아갔다. 호위대나 동행도 없이 혼자 몸이었다. 말에서 내린 그는 허리에 차고 있던 권총을 풀어 땅에 내려놓았다. 그는 조금도 두려워하는 기색 없이 코치스에게 뚜벅 뚜벅 걸어가서 마주 앉았다. 잠시 침묵이 흐른 뒤 제퍼즈가 찾아온 용건을 말했다.

"내가 아파치의 길을 다니는 것은 오직 생계유지를 위해서일 뿐이오. 당신들을 공격하거나 해롭게 할 의사는 전혀 없소. 그러니 내가 자유롭게 이 길을 다닐 수 있도록 조약을 맺고 싶소."

코치스는 내심 놀랐다. 지금까지 이런 백인을 본 적이 한 번도 없었다. 코치스는 제퍼즈의 담대함과 솔직함을 높이 사서 통행로를 보장해 주었다. 그날 이후, 제퍼즈는 아파치의 공격을 단 한 번도 당한 적이 없었다. 그에게는 어떤 속셈도 계략도 없었다.

제퍼즈는 가끔 아파치의 진지로 찾아와 티스윈 주옥수수로 담근 맥주를 마시며 이야기를 나누고 돌아가곤 했다. 아파치는 제퍼즈를 붉은 수염이라고 불렀다. 상대방에게 정당한 대우를 받을 때 아파치 또한 상대를 존중하고 정당하게 대했다. 인디언에게 약속이란 그런 것이었다.

코치스는 아들 나이치를 데리고 붉은 수염 일행을 맞으러 내려 갔다. 붉은 수염은 말에서 뛰어내렸다. 오랫동안 만나지 못한 두 사람은 반갑게 포옹했다. 붉은 수염 뒤에는 오른팔이 없는 늙은 사내가 서 있었다. 퇴역군인 올리버 오티스 하워드 장군이었다. 코치스는 장군과 인사를 나눈 뒤 천막으로 그를 안내했다.

"여기까지 찾아온 목적이 무엇이오."

코치스가 아파치 말로 물었고 붉은 수염이 통역했다.

"큰 아버지인 그랜트 대통령이 아파치족과 화친을 맺으라고 나를 보냈소."

하워드 장군이 말했다. 코치스도 자기 의사를 분명히 밝혔다.

"나보다 더 화평을 원하는 사람은 없을 거요. 우리는 앨라모사에서 탈주한 뒤에 백인을 공격한 적이 단 한 번도 없소. 말은 모두 비루먹고 몇 마리 되지도 않소. 투산 도로를 습격하면 많이 끌어올 수 있겠지만 그렇게 하지 않았소."

하워드는 리오그란데 강의 큰 주거 지역으로 옮긴다면 편안하게 살 수 있을 것이라고 했다.

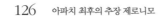

"나는 그곳에 머문 적이 있고 그곳을 좋아합니다. 부족민을 그곳으로 데려갈 의향도 있소. 그러나 그쪽으로 가면 부족민이 갈라지게 됩니다. 내게 아파치의 길을 주시오. 그러면 그곳을 지나는 도로를 다 보호해 주겠소. 어느 누구의 물건도 인디언들이 빼앗지 않도록 보장하겠소."

하워드는 계속 리오그란데 강에서 살면 좋은 점이 무엇인지 역설했다. 그러나 코치스는 그 지역에는 관심이 없었다.

"왜 나를 주거 지역에 가두어 두려고 하는 거요? 우리는 조약을 충실히 이행하겠소. 우리 아파치족도 당신네 미국 사람처럼 자유롭게 돌아다니도록 해 주시오."

하워드는 치리카후아 지역은 더 이상 인디언의 땅이 아니며, 미국이 관심을 기울이는 곳이기 때문에 안 된다고 설명했다.

"화평을 유지하려면 경계를 정해야 합니다."

코치스는 왜 경계선이 리오그란데 강은 물론이거니와 드러군 산 주변에 쳐져야 되는지 이해할 수 없었다.

"장군은 이곳에 얼마나 머물 것이오? 내가 대장들과 이야기를 나눌 동안 기다릴 수 있겠소?"

"화친을 맺기 위해서 왔으니 필요한 동안 계속 머물러 있을 것이오."

하워드 장군은 남북 전쟁 최대의 격전이었던 게티즈버그 전투에서 한쪽 팔을 잃은 영웅이었다. 또한 엄격한 웨스트포인트 사관 학교 출신이었다. 그는 아파치들처럼 권모술수를 모르는 순진한 사람이었다. 인디언 관리국이 그를 협상가로 보낸 이유가 그것이었다. 하워드 장군에게는 '영원한

보호 구역'에 대한 설명만 했을 뿐, 산카를로스에 대해서는 한마디 도 하지 않았다.

하워드는 아파치 요새에 11일을 머물렀다. 그의 방문이 그렇게 길어진 것은 아파치 부족 특유의 민주적인 결정 방식 때문이었다. 코치스는 대장들을 모두 불러 모아 협상하지 않으면 그들 중 누가 협상을 지키지 않을 수도 있으므로 충분한 시간이 필요하다고 설 명했다.

방문 기간이 예상보다 길어졌지만, 하워드는 아파치와 보낸 시 간이 무척 유쾌하고 행복했다고 회상했다. 그는 아파치가 매우 따 뜻하고 우호적이며 친절한 사람들이라는 걸 알았다. 하워드는 인 디언들과 똑같이 땅바닥에 앉아서 식사를 했으며 우스개 소리라도 나오면 거리낌 없이 폭소를 터뜨렸다. 인디언이 유머 감각이 무척 뛰어나고 신선하다는 사실도 알았다. 아이들과 어울려 놀 때면 장 군의 위엄 같은 것은 찾아볼 수가 없었다. 코치스의 아들 나이치에 게는 글씨 쓰는 법을 가르쳐 주기도 했다. 그들이 기도 드리는 창 조주가 자신의 하느님과 다르지 않다는 사실도 깨달았다. 무엇보 다 그는 코치스에게 완전히 매료되었다.

코치스는 그동안 그가 보았던 그 어떤 백인들보다 예의 바르고 단순하며 솔직담백했다. 코치스 역시 하워드 장군을 믿어도 좋은 사람이라고 생각하게 되었다. 하워드 장군이 얻은 가장 큰 수확은,

백인에 대한 불신과 적대감으로 가득 차 있던 전투 대장의 마음을 얻은 것이었다. 제로니모는 말년에 하워드 이야기가 나올 때마다 '그는 우리와 약속한 걸 꼭 지켰고, 우리를 형제처럼 대했다. 만일 미 육군 가운데 가장 정직하고 순수한 백인이 있다면, 하워드 장군이 바로 그 사람일 것'이라고 회상하곤 했다. 협상에 임했을 때 하워드 장군은 코치스의 말에 귀를 기울였다. 그는 코치스가 사려 깊고 합리적인 사람이라는 걸 알고 있었다. 하워드는 치리카우아족이 살 만한 지역을 제안할 뿐 강요하지는 않았다. 회담 결과는 코치스의 견해를 대폭 반영한 것이었다. 인디언 보호 구역에는 드러군과 치리카후아 산과 설퍼 스프링스 협곡이 포함되었다. 이곳은 코치스 부족의 고향이었기에 다른 부족민들도 매우 만족해 했다. 이것은 한 인디언이 합리적인 토론을 통해 미 육군 장군의 마음을 바꿔 놓은 처음이자 마지막 사례가 되었다.

다음 문제는 주재관을 임명하는 일이었다. 백인들은 인디언 주거 지역의 주재관으로 백인을 임명해야 한다고 정해 놓고 있었다. 이것은 길게 생각할 필요도 없는 문제였다. 치리카우아족과 오래전부터 친구처럼 지내는 유일한 백인, 붉은 수염이 있지 않은가. 처음에 붉은 수염은 이 제안을 사양했다. 그러나 코치스의 간곡한 부탁에 더 이상 고집을 부릴 수가 없었다. 결국 제퍼스는 치리카우아족과 자신의 미래를 함께하기로 했다. 제로니모도 협상 결과에

만족했으며, 하워드 장군을 전적으로 신뢰했다. 하지만 장군 뒤에 숨어 있는 세력에 대한 의심까지 지운 건 아니었다.

사실 코치스가 부족민들을 데리고 주거 지역으로 투항한 일을 마음 깊은 곳에서부터 찬성한 것은 아니었다. 주거 지역에서의 삶은 그들이 오랫동안 살아오던 인디언의 방식은 아니었다. 그들은 바람처럼 자유롭게 떠돌아다니며 살았다. 그러나 이제는 농부처럼 농사만 지어야 했다. 인디언들이 좋아하는 티스윈 주를 만들 수도 마실 수도 없었다. 그것은 단순히 삶의 방식만 바뀐 것이 아니었다. 자유롭게 산과 들판을 누비던 아파치들의 영혼에 족쇄를 채운 것이었다. 이름만 인디언일 뿐 백인 흉내를 내는 것이었다. 그것은 사는 것이 아니었다. 그들은 포로였다. 이런 삶의 방식은 남자들에게 더욱 고통스러운 것이었다. 특히 제로니모에게는 가혹한 것이었다. 그렇지만 모두들 끓어오르는 분노를 누르며 적응하려고 애를 썼다.

양측은 2년 동안 이 협정을 지켰다. 그러나 오랜 적인 멕시코인에 대한 습격은 계속되었다. 그것은 치리카우아족이 오랫동안 걸어온 길이었다. 멕시코 정부는 미국 정부에게 아파치들을 집단 수용소에 가두라고 강력히 요구하기 시작했다. 이것으로 영원히 협약은 끝났다.

탈출

1874년 봄, 코치스는 시름시름 앓고 있었다. 붉은 수염이 그의 오랜 친구를 위해 보위 요새에서 군의관을 데려왔지만 병명도 알아내지 못했다. 강철 같던 위대한 아파치 추장의 몸은 점점 쇠약해졌다. 이즈음 미국 정부 관리가 새 주재소로 이주하는 문제를 상의하기 위해 코치스를 찾아왔다.

"나는 곧 죽을 몸이오. 그러니 나와는 상관없는 일이오."

코치스는 아무런 저항도 하지 않았다. 목숨보다 더한 것을 포기한 사람 같았다. 사실 그는 아파치가 생존할 수 있으리라는 희망을 버린 지 오래였다. 그러나 부추장들과 코치스의 아들, 타자와 나이치가 강력하게 반대하고 나섰다.

"우리는 이곳에서 한 발짝도 움직이지 않겠소. 군인들이 와서 강제로 끌어내도 소용없소. 차라리 이곳에서 죽겠소."

코치스가 슬픈 눈으로 아들들을 바라보았다.

"어차피 나는 곧 죽을 목숨이지만 한 가지만 약속해다오. 전쟁은 안 된다. 절대로."

부추장들과 두 아들은 코치스의 간곡한 부탁을 받아들여 화평을 약속했다.

정부 관리가 떠난 뒤, 코치스는 갑자기 심한 고통에 시달렸다. 붉은 수염이 다시 군의관을 부르러 가려고 하자 코치스가 물었다.

"자네는 내가 살아 있는 것을 다시 볼 것 같나?"

붉은 수염은 오랜 친구답게 솔직히 대답했다.

"아니, 그럴 것 같지 않소."

"나는 내일 아침 10시쯤에 죽을 것이네. 우리가 다시 만날 수 있을까?"

붉은 수염은 잠시 침묵하다가 말했다.

"모르지요. 형님 생각은 어떠세요?"

"모르겠네. 분명치는 않지만 저 위에서는 다시 만날 수 있겠지."

코치스는 희미하게 미소 지으며 나지막이 읊조렸다.

"삶은 무엇인가. 그것은 밤에 날아다니는 불나방의 번쩍임 같은

것. 한 겨울에 들소가 내쉬는 숨결 같은 것. 풀밭을 가로질러 달려가 저녁노을 속에 사라져 버리는 작은 그림자 같은 것.

붉은 수염이 군의관을 데리고 돌아왔을 때 노추장은 이미 숨이 다해 있었다. 코치스가 죽기 전에 가족과 대장들이 그의 옆에서 무릎을 꿇고 작별을 고했다. 마지막으로 그의 눈을 감겨 준 이는 제로니모였다. 추장의 죽음을 애도하는 노랫소리가 나지막이 울려 퍼졌다. 노랫소리는 그 어느 때보다 구슬프게 들렸다. 그날 제로니모가 코치스와 마지막으로 나눈 이야기는 알려지지 않았다. 그러나 코치스가 그에게서 평화에 대한 약속을 받아내려 하지 않았던 건 확실하다고 모두 입을 모았다. 제로니모가 코치스와 작별하고 일어설 때 그의 눈빛은 그 어느 때보다 날카롭게 빛나고 있었다.

코치스가 죽은 뒤 그의 아들 타자가 추장이 되었다. 아버지와 달리 타자는 치리카우아족 모두의 존경과 충성을 얻지 못했다. 코치스의 유언에도 불구하고 백인에 대한 습격이 다시 시작된 것이다. 아파치족은 여러 파로 갈라졌다. 타자와 붉은 수염이 백방으로 노력했지만 소용없었다. 이를 부추긴 이들은 백인이었다. 뉴멕시코 주와 애리조나 주에서 매장량이 엄청난 광맥이 발견된 것이다. 얼마 전만해도 아파치의 땅이었던 곳에 백인 정착촌이 우후죽순 생겨났다. 백인에게 땅은 투기의 대상일 뿐이었다. 노다지가 무한정 숨어 있는 땅을 인디언에게 양보한다는 것은 상상도 할 수 없는 일이었다. 거기에다 정착촌으로 몰려드는 새 주민은 다른 백인조차도 질 나쁜 무뢰한이라며 무시하던 부류였다. 동부에 정착하는데 실패한 이들은 거칠고 난폭했으며, 가난에 찌든 사람들이었다. 그들이 추구하는 가치는 오직 돈이었다. 이들은 시간만 나면 인디언을 다른 지역으로 쫓아 보내라고 목소리를 높였다.

치리카우아족을 새 주재소로 옮길 궁리를 하고 있던 워싱턴 관리에게 이것은 좋은 빌미가 되었다. 미국 정부는 모든 인디언을 한꺼번에 수용하기 위해 산카를로스를 이미 마련해 두고 있었다. 웜스프링스 아파치와 코요테로족이 그곳에서 생활하고 있었다. 산카를로스는 화이트 산 주거 지역의 주재소였다. 그곳이 얼마나 척박하고 험한지 아무도 근무를 원하지 않을 정도였다. 한 미군 장교는 그곳을 이렇게 묘사하고 있다.

"그곳은 비가 하도 오지 않아서 비가 조금이라도 오면 대단하게 여겨질 정도다. 메마르고 뜨거운 바람이 먼지와 모래를 몰아와 들판에 식물이라고는 씨도 찾아볼 수 없다. 온통 자갈밭인 강변에 이파리가 거의 달리지 않은 앙상한 사시나무 몇 그루가 흩어져 있는 게 전부다. 여름이면 그늘에서도 섭씨 45도가 넘는다. 그 정도만 되도 아주 서늘한 축에 끼는 편이다. 1년 내내 파리와 각다귀, 그밖에 이름 모를 해충이 수백만 마리씩 떼 지어 몰려든다."

당시 그곳의 주재관은 존 클럼이었다. 젊고 정력적인 클럼은 인디언을 조직적이고 효과적으로 관리하고 있었다. 자신이 아파치를 정당하게 대우하자, 아파치 역시 자신에게 성의를 다한다고 여긴 것이다. 그는 광활한 화이트 산 주거 지역에서 미군을 철수시키고 아파치를 경찰로 만들어 치안을 담당하게 했다. 보호소 규칙을 어긴 아파치는 인디언들로 이루어진 인디언 법정에서 자체 처벌하도록 했다. 획기적이고 대담한 방식이었다. 상급자들은 그런 그를 탐탁하게 생각하지 않았다. 그러나 산카를로스가 평화를 유지하고 있는 한 트집을 잡을 수도 없는 노릇이었다.

1876년 5월 3일, 클럼은 인디언 국 관리로부터 전문을 받았다. 붉은 수염 대신 치리카우아족 주재관을 맡고 그곳 인디언들을 산카를로스로 이주시키라는 명령이었다. 아파치를 잘 알고 있는 클럼에게는 달갑지 않은 임무였다. 갇혀 지내느니 차라리 죽음을 택하겠다는 치리카우아족이 아닌가. 이주에 성공한다고 해도 감옥 같은 주거 지역에 적응할 수 있을지도 의심스러웠다. 클럼은 인디언 경찰을 데리고 아파치의 길로 가서 정부의 강제 이주 명령을 전달했다. 타자는 고민스러웠다. 이것을 거부한다는 것은 곧 전쟁을 의미했다. 게다가 붉은 수염까지 떠나게 된 상황에서 의지할 곳은 어디에도 없었다. 아버지의 죽음 앞에서 약속한 것도 있지만 타자 역시 평화를 원했다.

"알겠소. 힘들게 얻은 평화를 유지하기 위해 우리가 고향을 떠나야 한다면 그렇게 하겠소."

붉은 수염도 이주할 때까지는 남아서 돕겠다고 기꺼이 나섰다. 그러나 정해진 이주 날짜에 타자를 따라 산카를로스로 간 치리카우아족은 절반밖에 안 되었다. 반항자들을 잡기 위해 미군들이 쳐들어갔을 때 그들은 이미 멕시코 국경을 넘어서고 있었다. 그들을 선두에서 지휘하고 있는 이는 제로니모였다. 그때 그의 나이 마흔 여섯 살이었다.

최후의 불꽃

이때부터 1886년, 제로니모가 완전히 투항할 때까지 그의 명성은 점점 높아져간다. 백인에게는 가장 적대적이고 비타협적이며 난폭한, 모든 인디언 가운데 최악의 인물로 각인된다. 그러나 치리카우아족에게는 마지막 불꽃같은 지도자였다. 비록 세습 추장은 아니지만 부족의 삶이 바람 앞의 등불처럼 위협을 받게 되면서 그는 전면에 나서게 된다.

전쟁은 신성했다. 그것은 벌써 몇 세기를 헤아릴 만큼 오래된 일이었다. 증조부의 증조부들이 살던 오래 전, 계곡에 옥수수를 심어서 식량을 수확하던 시절이 있었다. 그러던 어느 날, 유럽인들이 나타났다. 인디언들은 그들을 친구로 환영했지만 그들은 인디언들의 땅을 빼앗고 마을을 습격해 사람들을 학살하고 노예로 팔았다. 마침내 전쟁이 벌어졌다. 전쟁은 인디언에게 자유를 가져다주었다. 남부의 인디오처럼 유럽 사람의 노예가 되어 깊은 광산굴 속에서 혹사당하지 않을 수 있었던 것은 전쟁 덕분이었다. 전쟁은 채찍질에서 인디언을 구해 주었고, 그들의 여자를 강간하고 죽음으로 몰아넣는 군인의 폭력에서 벗어나게 해 주었다.

제로니모는 그들 부족에게 전쟁 주술사로 통했다. 전투에 앞서 제로니모는 전쟁 춤을 추며 산의 정령을 불러 모으곤 했다. 산속에서 그가 혼자 춤추는 광경이 종종 목격되기도 했다. 그는 영혼을 타락시키는 요소에게서 자신을 정화하는 의식을 게을리하지 않았다. 제로니모는 나무와 풀, 선인장 같은 식물로 혼란을 주거나 바람을 불러들여 백인들을 환각 상태에 빠뜨리는 주술에도 능란했다. 눈속임과 환상을 만들어내는 그의 독특한 능력은 상대편을 마비시켜 일순 넋을 빼놓은 다음 공포로 몰아가는데, 그 틈을 노려 즉각적인 공격을 펼치곤 했다. 공포는 혼란과 무분별한 행동으로 발전하기 때문에 아무리 수적으로 우세하더라도 반격도 제대로 못 펼치게 된다. 환상과 공포라는 심리전과 기습 공격이 주요한 무기인 셈이었다.

제로니모가 탈출한 직후, 신문들은 일방적이고 편파적인 기사로 대중들을 선동했다.

"치리카우아 아파치는 무자비하고 무차별적으로, 남자와 여자, 아이 할 것 없이 모두 다 살해해서, 모든 계곡과 산봉우리, 산악과 요새가 아파치의 시체 썩는 냄새로 가득 찰 때까지 지속적으로 싸우는 전쟁밖에 방법이 없다."

그러나 신문은 아파치들의 땅을 집어삼키려고 덤벼드는 이리 떼들에 대해서는 입을 다물었다. 그들은 아파치들이 땅에 대해 어떻게 생각하는지, 알 수도 짐작할 수도 없었다. 그중에서도 제로니모의 땅에 대한 경배와 집착은 전설적이었다. 신성한 고향의 땅이 백인에 의해 짓밟히고 능욕당하는 것을 제로니모는 참을 수 없었다. 땅은 곧 그의 영혼이었다.

제로니모와 동행한 무리는 네드니족 추장 후와 그 전사들이었다. 그 후 일 년 동안, 백인들의 표현을 빌리자면, 그들은 제멋대로 살았다. 그러나 아파치들 입장에서 보면, 그들 원래 삶의 방식으로 돌아간 것뿐이었다. 그것이 백인들을 자극했다. 제로니모는 습격과 살해, 보복을 충실히 이행했다. 제로니모가 이끄는 전사들은 오랜 숙적인 멕시코인을 습격해 소와 말을 약탈했다. 그것들을 뉴멕시코 주로 몰고 가서 백인 농장주에게 팔고 총과 모자, 구두, 위스키 등을 사 오기도 했다. 백인은 불씨를 없애기 위해서는 아파치족을 완전히 쓸어 없애 버리는 것밖에 방법이 없다는 결론을 내렸다.

거의 모든 범죄에 제로니모의 이름이 거론되었다. 제로니모의 악명은 과장되고 부풀려졌다. 그것은 실마리가 보이지 않는 골치 아픈 문제를 해결하는 가장 손쉬운 방법이었다. 몇 달 뒤 제로니모가 100여 마리의 말 떼를 몰고 오호 칼리엔테 주재소 근처를 돌아다니는 것이 목격되었다. 그들은 빅토리오가 추장으로 있는 웜 스프링스족 주거 지역인 오호 칼리엔테 주재소 근처 으슥한 곳에 자리를 잡았다. 제로니모는 친구 빅토리오의 환영을 받았지만, 웜 스프링스 아파치들 대부분은 불안해 했다. 제로니모가 인디언 관리국의 배신에 대해 응징할 것을 제안했지만 지지하는 전사들은 별로 없었다. 제로니모 뒤에는 언제나 잔인한 보복이 따랐기 때문이다. 제로니모의 미래는 너무나도 암울했다.

체포

1877년 3월, 제로니모와 치리카우아 잔존 세력을 모두 체포하라는 지시가 떨어졌다. 산카를로스 주재소에는 코요테로족과 길라족, 톤토족, 베돈코에족, 그리고 네드니족까지 모아 놓고 있었다. 다음은 웜 스프링스족과 빅토리오 차례였다. 그러나 제로니모를 잡지 못하면 아파치족 문제는 영원히 해결할 수 없다는 걸 누구나 알고 있었다. 제로니모는 아파치 무리의 중심이자 전쟁의 화신이었다. '노란 줄무늬 전사' 제로니모는 아파치족의 뇌관이었다. 제로니모만 제거하면 아파치족 문제의 절반은 해결한 셈이었다. 클럼은 이번에는 무슨 수를 써서라도 미꾸라지 같은 제로니모를 반드시 잡고야 말겠다는 투지로 불타올랐다. 그를 잡기만 하면 영웅이 되는 것은 시간문제였다. 클럼는 오만하고 명예욕도 많았지만, 또한 영민했다. 제로니모를 잡기 위해서는 지금까지의 방식과 다른 무엇이 필요하다는 걸 알았다. 그는 아파치들을 심문하면서 그들의 습성을 파헤치고 연구하는데 시간을 아끼지 않았다. 그 결과 아파치는 아파치를 이용해서 잡는 것이 최선이라는 사실을 알아냈다. 그는 아파치들을 하나씩 꾀어내 정찰병으로 만들었다.

그 방법은 성공적이었다. 아파치 정찰병은 제로니모가 웜 스프링스 아파치 부족과 함께 지내고 있다는 사실을 알아냈다. 절호의 기회였다. 계략만 잘 세우면 한 번에 둘을 잡을 수 있었다. 클럼은 제로니모와 빅토리오에게 회담을 갖자고 전갈을 보냈다. 자세한 내용은 말하지 않고 우호적인 분위기로 두 사람을 안심시켰다. 그 전에 주재소 연병장 근처 건물에 잘 무장된 아파치 경찰 100여 명을 배치하는 것도 잊지 않았다. 제로니모와 빅토리오는 말을 타고 회담장으로 향했다. 1877년 4월 21일 아침이었다. 클럼은 소규모 호위대를 이끌고 두 사람을 맞았다. 그리고 다짜고짜 말했다.

"우리는 두 사람을 산카를로스로 호송할 것이오."

통역을 통해 이 말을 전해들은 제로니모는 양미간을 찌푸리며 소총의 방아쇠에 엄지손가락을 가져갔다.

"우리는 당신과 함께 산카를로스로 가지 않겠소."

제로니모는 전사들과 함께였기 때문에 당당하게 말했다. 클럼이 군대를 숨겨 뒀을 거라는 생각은 하지도 못했다.

"조심하지 않으면 당신과 당신이 데려온 아파치 경찰도 산카를로스로 돌아가지 못할 거요. 그러면 당신들의 시체는 이곳 오호 칼리엔테에 버려져 이리 떼의 먹이가 될 것이요."

그때였다. 클럼이 신호를 보내자 숨어 있던 아파치 경찰대가 튀어나와 사격 자세를 취했다. 제로니모는 불시에 포위당했고, 클럼은 번개같이 수갑을 채웠다. 제로니모는 체포되었다. 하지만 그것은 속임수였다. 제로니모를 체포한 것은, 그것이 처음이자 마지막이었다. 그들은 제로니모와 빅토리오를 본부로 끌고 갔다.

"도대체 무엇 때문에 이러는 거요?"

제로니모가 클럼에게 물었다. 클럼은 아파치의 길 주거 지역에서 벗어났기 때문이라고 대꾸했다.

"나는 아파치의 길의 미군에 속했던 적이 없소. 그러니 내가 갈 곳을 물어 봤어야 된다고 생각하지 않소."

제로니모는 거칠게 항의했지만 철저히 무시되었다. 그리고 제로니모는 참석도 하지 않은 채 재판이 열렸다. 제로니모와 전사들은 용접까지 한 쇠사슬에 묶인 다음 주재소 감옥에 던져 졌다. 이후 빅토리오와 동료들은 사슬에서 풀려나 산카를로스로 보내 졌으나, 제로니모는 빛 한 줌 들지 않는 캄캄한 독방에 갇혀 있어야 했다.

제로니모가 잡혔다는 소식은 전 미국을 들썩거리게 만들었다. 워싱턴의 정치인과 미 육군성은 물론이고 지방 정부까지 나서서 제로니모를 목매달아야 한다고 주장했다. 제로니모에게 교수형의 올가미를 던진 정치가는 영웅으로 영원히 역사에 기록될 터였다. 그 영광을 차지하기 위해 치열한 내분이 일어났다.

언론도 덩달아 흥분했다. '인간 호랑이 제로니모, 미친 살인자, 흡혈귀, 검은 손의 살인마 제로니모' 같은 충격적인 헤드라인으로 분노한 대중을 더욱 부추겼다. 제로니모가 감옥에서조차 살인을 저지르며 시체를 먹는다는 표현까지 서슴치 않았다. 격분을 참지 못한 시민들이 심장마비로 사망하는 일까지 생겼다. 그러나 정작 제로니모를 잡아들인 일등 공신 클럼은 고민에 빠졌다. 제로니모를 교수형에 처한다면 수천 제곱킬로미터의 자기 관할 지역에 흩어져 사는 아파치에게 과연 어떤 파장을 몰고 올지 장담할 수 없었던 것이다. 클럼은 아파치 정찰병과 수시로 이야기를 나누었다. 그는 수적으로 매우 열세인 인디언들이 스페인과 몇 세기에 걸쳐 전쟁을 하면서 어떻게 살아남을 수 있었는지, 아니 사실상 그들을 몰아낼 수 있었는지, 그 불가해한 힘의 원천이 무엇인지 알고 싶었다. 처음 부임했을 때만 해도, 그는 아파치 부족을 단순한 무법자정도로 과소평가했다. 그 결과 백전백패라는 뼈아픈 대가를 치러야 했다. 클럼는 아파치 정찰병을 통해 이 복잡한 민족의 내면을 파고들었다. 인디언은 백인과 달리 자신과 영적인 세계 사이를 중재할 성직자가 필요 없었다. 그들의 종교는 지극히 개인적이었다. 그들은 자신의 신과 얼굴을 맞대고 살았다. 누구나 홀로, 그리고 침묵 속에서 신과 만났다. 신의 계시는 오직 그 사람 자신만이 받을 수 있었다. 따라서 각자가 신과 소통할 수 있는 방법을 발견해야 했다. 거기에 옳고 그름은 없으며 누구도 다른 사람의 개인적인 믿음을 침범하지 않았다. 그러나 누구나 믿고 있는 것이 있었다. 그것은 영혼의 높은 법이었다. 윤회의 수레바퀴에 오를 때마다, 즉, 육신을 가지고 지상에 태어날 때마다 물질 세상에 통용되는 낮은 법에 맞서 높은 법을 실천한다는 것이다. 매번 태어날 때마다 영혼은 그만큼 더 강해진다. 높은 법을 지켜 나갈수록 더 높은 경지에 오른다. 경지가 점점 높아져 영혼이 충분히 강해진다면 다시는 세상에 돌아올 필요가 없어진다. 그것을 그들은 구원이고 초월이라고 불렀다. 시간이나 공간은 의미가 없었다. 육체나 집 같은 온갖 물질적인 것도 마찬가지였다. 제로니모는, 다른 어떤 인디언들보다 영혼의 높은 법을 알고 실천하고 있었다.

클럼은 눈을 감고 아파치처럼 내면에서 힘을 구해 보았다. 제로니모를 둘러싸고 벌어지는 싸움과 질투. 탐욕에 눈이 먼 그들의 밤이 클럼의 눈에 보이는 것 같기도 했다. 그러거나 말거나 미국과 멕시코 정부는 이제 아파치의 시대가 끝났다고 생각하고 있었다.

빅토리오의 최후

한편 석방된 빅토리오는 1877년 봄 자신의 부족을 이끌고 산카를로스로 이주해야 했다. 클럼은 추장인 빅토리오에게 오호 칼리엔테에서 보다 더 많은 권한을 부여하며 환심을 샀다. 그럭저럭 평화로운 아파치 마을이 세워질 것 같았다. 그런데 미군 1개 중대가 갑자기 들이닥쳤다. 가장 반항적이고 적대적인 인디언 거의 모두가 산카를로스에 수용되었기 때문에 부득이 취해진 조치라는 게 군 당국의 설명이었다.

클럼은 당장 인디언 문제 담당관에게 전보를 쳤다. 군대를 철수시킬 것과 그 대신 아파치 경찰대를 더 증강시켜 달라는 내용이었다. 미 육군성은 격분했다. 이것은 자신들의 권위에 대한 도전이며 월권 행위였다. 군대 철수에 대한 요구는 애리조나 주와 뉴멕시코 주에 있는 군납업자들과 장사꾼들에게도 큰 위협이었다. 군대가 없으면 이익도 없었다. 그들은 이 좋은 돈벌이를 놓칠까 봐 긴급 회동을 갖고 언론을 매수했다. 그들은 수천 명의 군인이 동원되었어도 정복하지 못한 아파치족을 혼자서 감당하겠다고 자만하는 애송이 주재관의 건방진 태도를 비난했다. 존 클럼은 마법처럼 하룻밤 사이에 영웅에서 악당으로 돌변했다. 상부와 언론으로부터 무자비하게 매도당한 클럼은 발끈하여 사표를 제출했다. 그는 "제로니모를 한시바삐 목매달아야 한다"라는 주장으로 고별사를 대신했다.

클럼이 떠나자 산카를로스는 처참한 지경에 이르렀다. 인디언들이 수백 명씩 늘어났지만 식량 배급량은 오히려 줄었다. 밀가루에는 바구미가 기어 다녔고 쇠고기에서는 썩은 냄새가 났다. 심지어 돼지고기가 배급되기도 했다. 돼지고기를 절대 먹지 않는 아파치들은 진저리를 치며 돼지고기를 내던졌다. 한술 더 떠서 새로 온 주재관은 식량을 각 지파에게 나눠 주는 대신 인디언 모두를 주재소까지 나오게 했다. 그곳에 가지 않으면 배급을 받을 수 없었다. 30킬로미터가 넘게 걸어야 하는 곤욕을 치르는 사람도 있었다. 노약자와 어린애도 마찬가지였다. 심지어 들것에 실려 오는 사람도 있었다. 예외는 인정되지 않았다. 그래야 아파치의 숫자를 정확히 파악할 수 있기 때문이었다. 클럼이 세워 놓은 아파치 경찰 제도도 무너졌다. 그곳은 거주지가 아니라 집단 수용소일 뿐이었다. 천연두가 창궐했지만 백신 같은 것은 구경도 하지 못했다. 사막의 집단 수용소는 그야말로 인종 말살의 현장이었다. 인디언은 백인의 법에 의해 보호받는 인간이 아니었다. 그들은 시민이 될 수도 없었고 재산을 소유할 수도 없었다. 그들은 우리에 갇힌 짐승이나 마찬가지였다. 사막에 버려진 존재였다. 병이 걸려서 죽는 것 말고는 아무것도 할 수 없었다.

빅토리오는 웜 스프링스 부족을 이끌고 다시 오호 칼리엔테로 도망쳤다. 아파치 경찰대가 뒤를 추격해 왔다. 그러나 경찰대는 우리에서 빼내 간 말과 노새만 빼앗고 그들을 보내 주었다. 그들은 농장을 습격하고 군인들과 크고 작은 전투를 벌이면서 간신히 오호 칼리엔테에 도착했다. 군은 그의 부족이 미군들 감시 아래 그곳에 머물도록 해 주었다. 그러나 일 년 후, 그들을 다시 산카를로스로 보내라는 지시가 내려왔다. 빅토리오는 미군 장교들에게 거의 애걸하다시피 말했다.

"제발 우리를 고향에서 살게 해 주시오."

그러나 그것은 장교들의 권한 밖의 일이었다. 빅토리오는 절망과 분노로 뒤범벅이 되어 소리쳤다.

"아녀자는 억지로 마차에 태워 갈 수 있을지 몰라도 남자는 절대로 가지 않을 것이오."

빅토리오와 80명의 전사는 밈브르 산으로 도망쳤다. 그러나 가족과 떨어져 혹독한 겨울을 보낸 이들은 반년도 못 넘기고 제 발로 돌아왔다.

"산카를로스로 끌려간 가족을 돌려보내 준다면 투항하겠소."

몇 주일이 지난 뒤 미군은 뉴멕시코 주의 툴라로사에서 메스칼레로 아파치족과 함께 살도록 타협안을 냈다. 빅토리오는 그것을 받아들였다. 2년 동안 주거지가 세 번이나 바뀌었다. 그곳에서도 오래있을 수는 없었다. 애써 적응하며 마음을 다스리고 있는 빅토리오를 체포하러 온 것이다. 말 도둑과 살인자라는 궁색하고 어처구니없는 죄명을 들이대었다. 빅토리오는 재빨리 말을 타고 탈출했다. 그는 백인들의 자비에 자신을 맡기느니 차라리 죽음을 택하겠다고 결심했다. 어차피 자신이 죽음의 표적이 되어 있다는 사실을 알고 있었다. 스페인 사람과 싸웠던 것처럼 백인과 대항해 죽기살기로 싸우지 않는 한 모든 아파치족은 멸망하리라는 것도 확실히 깨달았다. 빅토리오는 미국에 대한 영원한 전쟁을 선포했다. 빅토리오는 멕시코에 요새를 정한 다음 전사들을 모으기 시작했다. 그해 말경 빅토리오를 따르는 전사는 메스칼레로족과 치리카우아족을 합해 약 200명가량이 되었다. 그들은 멕시코 농장을 습격해서 말과 필수품을 확보한 후 뉴멕시코 주와 텍사스 주까지 쳐들어 갔다. 전사들은 닥치는 대로 백인 정착민을 살해했다. 추격해 오는 기병대를 매복과 기습으로 교묘히 따돌리고 유유히 국경을 넘어 도망치곤 했다. 거칠 것 없이 과감한 행동이었다. 전투가 계속됨에 따라 빅토리오의 증오심은 더욱 깊어졌다. 그는 포로들을 고문하고 사지를 절단하는 무자비한 살인자가 되어 갔다. 빅토리오가 미쳤다고 여기고 떠나는 전사도 있었다. 그의 목에는 3천 달러의 현상금까지 붙었다. 마침내 미군과 멕시코 군은 그를 색출하기 위해 합동작전을 개시했다.

1880년 10월 14일, 드디어 멕시코 대군이 빅토리오의 무리를 포위했다. 그들은 아파치들을 치와와와 엘파소 사이 언덕으로 몰아넣고 이 잡듯이 죽여 나갔다. 빅토리오는 마지막까지 멕시코 군과 맞서 싸우다가 전쟁터에서 죽었다. 이날 멕시코 군인들은 아파치 전사 78명을 죽이고 68명의 여자와 어린아이를 생포했다. 용케 살아남은 전사는 30명 정도밖에 안되었다.

대탈주극

제로니모는 감옥에 넉 달간 감금되어 있다가 풀려났다. 주거 지역에 머무른다는 조건을 받아들인 것이다. 빅토리오가 치를 떨며 탈출한 바로 그곳, 산카를로스로 제로니모가 들어온 것이다.

제로니모는 활과 총 대신 호미와 낫을 들어야 했다. 농작물을 심고 가꾸는 법을 배웠지만, 그에게는 너무나 낯설고 결코 익숙해지지 않는 일이었다. 백인은 제로니모가 농사일에 적응하고 있다고 주장했다. 그러나 깊숙이 눌러쓴 모자 아래 이글거리는 눈빛을 보았다면 그런 말을 하지 못했을 것이다. 몸은 비록 백인들의 감시 아래에 묶여 있지만 영혼만은 결코 누구의 소유도 될 수 없었다.

제로니모는 길들일 수 있는 인디언이 아니었다. 셔리던 장군이 말하는 좋은 인디언은 더더욱 아니었다.

그렇다고 백인이 포로 신세인 그를 겁낼 필요는 없었다. 백인들은 전설적인 아파치 추장이 흙을 파고 있는 모습을 구경하기 위해 몰려들었다. 이제는 죽을 때가 되었다며 얼마나 처참하게 죽을 것인지 떠들어댔다. 손바닥으로 목을 긋는 시늉을 하고 큰 소리로 웃으며 마음껏 그를 조롱했다. 그러나 제로니모는 아무런 대꾸도 하지 않았다. 아무 말도 들리지 않는 것 같았다. 깊은 침묵 속에서 내면의 힘에게 자문을 구하고 있었다. 그는 때가 오기만을 기다리고 있었다. 제로니모는 낮에는 말없이 일했지만, 밤이면 삼삼오오 모여 앉은 아파치들의 모닥불 사이를 오가며 부족민을 하나로 규합했다. 제로니모의 신념은 오직 하나였다. 백인의 손아귀에서 벗어나 영혼과 육신의 자유를 구할 것. 어떤 순간에도 그 사실을 잊은 적은 없었다.

때마침 장교들이 회담을 하러 토마스 요새로 오라는 전갈을 보내왔다. 회담이 아파치에게 유리했던 적은 단 한 번도 없었다. 그런 회담은 할 필요조차 없었다. 아파치의 길 막사에서 벌어졌던 학살, 추장 망가스의 비참한 최후, 자신의 부당한 감금이 떠오를 뿐이었다. 계략에 빠져 감옥에서 살해되느니 전투를 하다가 죽는 것이 더 사내답다고 생각했다. 제로니모는 아파치를 설득했다. 게다

가 주재소의 상황은 갈수록 최악으로 치닫고 있었다. 마침내 아파치의 분노가 폭발했다. 제로니모와 후가 이끄는 베돈코에족과 네드니 아파치족이 주재소를 탈출했다. 무리는 모두 250명 정도였다. 떠날 때 그는 나뭇가지에 걸려 있던 전선을 잘라, 땅에 떨어지지 않도록 그 끝을 가죽으로 묶었다.

제로니모의 탈출 소식이 미 육군성에 전달되기까지는 꽤 오랜 시간이 걸렸다. 미 육군성은 불같이 화를 냈다. 언론은 "제로니모가 탈출했다", "인간 호랑이가 정글로 돌아갔다"라며 일제히 비명을 질러댔다. 남서부에 주둔하고 있는 미 육군은 즉시 비상사태로 들어갔다. 이것은 시작에 불과했다. 전 미국은 패닉 상태에 빠졌다. 군 순찰대가 야영장 근처에서 제로니모를 발견했다. 그들은 곧바로 추격했으나 군인 두 명이 사살당하고 말 한 필을 잃었을 뿐 광활한 평원에서 종적을 놓치고 말았다.

언론은 일제히 이런 기사를 실었다.

"제로니모 발견! 산타 카타리나 남쪽 평원을 지나감. 무장했고 말을 탔음. 북쪽으로 감."

그가 제로니모가 아니라고 의심한 사람은 아무도 없었다. 제로니모는 미합중국에서 무장한 채 말을 모는 유일한 인디언이었고, 마지막 전사였다.

제로니모는 이제 동해 번쩍 서해 번쩍 신출귀몰했다. 턱슨의 시민들이 마을 근처에서 그를 보았다고 주장한 바로 그 시간에 수백 킬로미터나 떨어진 앨라모사에서 그를 발견했다는 주장이 나오기도 했다. 그것은 어쩌면 둘 다 사실일지도 모를 일이었다. 제로니모는 예전에 망가스 콜로라도, 코치스와 누비고 다니던 협곡과 산악지대를 유령처럼 떠돌아다니고 있었던 것이다.

그의 목적은 단 하나였다. 주재소에 갇혀 있는 나머지 아파치족을 해방시켜 그들만의 영원한 분지로 도피시키는 것이었다. 그러기 위해서는 자신이 탈출했던 주재소로 다시 들어가는 것만이 유일한 방법이었다. 그야말로 대담무쌍한 계획이었다.

그가 해방군을 이끌고 산카를로스 주재소가 있는 화이트 산에 나타난 것은 그로부터 6개월 뒤였다. 그들은 모두 훌륭한 무기와 장비로 무장하고 있었다. 그러나 아녀자와 어린아이들이 대부분인 그들이 과연 주재소의 감시망을 뚫고 탈출할 수 있을지 믿는 사람들은 별로 없었다. 그들이 가야 할 길은 결코 닿을 수 없을 만큼 멀었다. 아파치에게 전설적인 요새로 알려진, 그러나 아직도 그 존재를 확인할 길 없는 시에라 마더어머니의산는 어쩌면 죽어서나 갈 수 있는 곳인지도 몰랐다. 그들은 다만 떠나는 것을 선택했을 뿐이었다. 그곳이 어디가 됐든 주재소보다는 나을 것이었다.

어둠이 깔리기 시작할 무렵 아파치들이 모여들었다. 제로니모와 함께하는 것을 두려워하는 일부의 아파치들이 남았다. 제로니모는 떠나기로 한 아파치들은 두 줄로 세웠다. 늙은 여자는 젊은 여자 옆에, 아기를 안은 여자는 아기 없는 여자 옆에 세웠다. 여자들은 천으로 얼굴을 감쌌고, 아기 머리에도 젖은 천을 둘렀다. 여자 뒤로는 아이들을 두 줄로 세웠다. 그들 뒤로 좀더 넓게 삼열 종대로 전사들을 세웠다. 전사들은 넘어진 아이들을 일으켜 세우고, 여자들을 도와주고, 뒤로 처지는 노인네들을 부축해야 했다. 아파치들은 으레 그렇듯이 생존에 필요한 최소한의 음식과 물, 가방, 칼을 빼고는 아무것도 몸에 지니지 않았다. 전사들은 활과 화살로 무장했다. 제일 앞에서 제로니모가 외쳤다.

"우리는 산에서 살겠다."

그의 얼굴은 사나웠고 두 눈은 불꽃처럼 이글거렸다.

"우리는 산에서 살겠다."

제로니모를 따라서 모두 소리쳤다.

"더 크게!"

제로니모는 줄을 따라가며 한 명 한 명의 얼굴 앞에서 고함을 쳤다. 우물쭈물거리는 아이나 노인 앞에서 제로니모는 더욱 크게 소리쳤다.

"더 크게 외쳐!"

"우리는 산에서 살겠다."

"더 크게!"

"우리는 산에서 살겠다."

"더 크게!"

제로니모의 두 팔이 아래위로 오르내리면서 공기를 갈랐다. 고함이 점차 리듬을 타기 시작했다. 리듬을 타자 한 사람이 외치는 소리처럼 들렸다.

"우리는 산에서 살겠다."

"우리는 산에서 살겠다."

고함 소리는 〈환희의 송가〉처럼 울려 퍼졌다. 온몸이 뜨겁게 달아올랐다. 가슴도 벅차올랐다. 아이들도 박자에 맞춰 발을 굴렀다. 여자들도 두려움에서 벗어났다. 현실의 고통은 사라지고 고양된 영혼만이 남았다.

제로니모가 두 팔을 올리고 주문을 외기 시작했다. 먼저 남쪽을 바라보고 주문을 외웠다. 몸을 서쪽, 북쪽, 동쪽으로 차례로 돌려가며 주문을 계속 외웠다. 바람이 불기 시작했다. 바람은 아파치의 고함 소리를 파묻을 듯 점점 거세졌다. 바람이 거세지면서 모래바람이 일었고 얼마 안 있어 모래 폭풍이 되었다. 아파치는 오랜 세월 생존을 위해 영성을 키워 왔다. 스스로를 자연 만물의 지배자가 아니라 그 일부로 여기는 아파치는 자연 만물에게 결코 자만심을 품지 않으면서 이들에게도 똑같은 영성이 있다고 믿었다. 그들은 만물이 생명을 가지고 있으며, 따라서 목적을 가지고 있다고 생각했다. 그렇기에 바람에게도 목적이 있고 영혼이 있었다. 아파치에게는 바람의 기분이 시가 아니라 현실이었다. 그들은 바람의 영혼이, 우울하고 분노하며 부드럽고 다정하고 격렬하며 신선하고 무겁게 사랑하는 식으로 자신의 감정을 표현한다고 생각해 왔다. 이날 제로니모의 주문은, 덤불과 소나무와 선인장이 하는 방식대로 생명의 구원을 요청하는 것이었다. 제로니모가 갑자기 몸을 돌려 대열 앞으로 뛰어갔다. 그는 빠른 걸음으로 남서쪽을 향해 대열을 끌어가기 시작했다. 그것은 토마스 요새가 있는 방향이었다. 시에라 마더로 가기 위해서는 드래군 산을 지나야 하는데 그 앞에 토마스 요새가 자리 잡고 있었다. 요새를 우회하는 길은 시간이 두 배이상 걸렸다. 사람들은 요새를 향해 달리면서도 두려워하지 않았다. 모래 폭풍이 자신들을 숨겨 주리란 걸 알고 있었다. 산에서 살겠다, 라는 말만이 의식을 쿵쾅거리게 했다.

나중에 평원을 가로질러 달렸던 그 날 밤을 기억해낸 사람은 아무도 없었다. 사람들은 행진을 시작하던 시간, 제로니모가 대열 사이를 돌아다니며 우리는 산에서 살겠다, 라고 고함치게 했던 그 짧은 시간과 행진이 끝나던 순간밖에 기억하지 못했다.

주술사 제로니모는 사람들의 의식을 그들이 꿈꾸던 삶이 있는 산으로 옮겨 놓았다. 힘겨운 여정과 먼 거리, 기병대의 추격과 모래 폭풍을 놓고 걱정하던 사람들의 의식은 정지되었다. 의식은 연약한 인간의 육신을 통제하여 온갖 두려움에 떨게 만들지만, 제로니모는 사람들에게 그 모든 두려움을 떨쳐 버리고 영성의 지배를 받도록 이끌었다. 그리하여 그들은 영적 존재가 되어 초자연적인 시도를 할 용기를 낼 수 있었다. 제로니모는 그들과 산 사이에 존재하는 물질 공간을 정지시켰고, 그곳에 가는데 필요한 시간도 정지시켰다. 공간과 시간은 더 이상 존재하지 않았다. 이것들은 의식이 만들어 낸 환상에 불과했다.

조지 퍼시스 대령의 6개 기병 중대가 신속하게 그들을 추격했다. 퍼시스는 헐스 슈 협곡에서 도망가는 아파치족을 따라잡았다. 그렇지만 인디언들은 교묘한 지연작전으로 아파치들이 멕시코로 넘어갈 동안 기병대를 묶어 놓았다. 논리적으로 납득할 수 없는 일이었지만 사실이었다. 미 육군 기병대 장교들은 나중에 산카를로스에 남은 아파치들이 거짓말을 했다고 기록하고 있다. 남은 아파치들이 말한 시간에 그곳을 떠나서 드래군에 도착하는 건 인간으로서 불가능한 일이기 때문이었다. 물질세계에 살고 있는 그들로서는 제로니모의 세계를 알 도리가 없었다. 그런데 전혀 예상치 못한 불운이 닥쳤다. 그곳을 지나던 멕시코 보병 연대와 맞부딪친 것이다. 너무나도 우연한 일이었다. 멕시코 군은 앞에서 달려오던 전사들과 부녀자, 어린애들 대부분을 무참히 도륙했다. 간신히 살아남은 전사들 가운데는 로코, 나이치, 차토, 그리고 제로니모 등이 있었다. 병력은 고갈되고 쓰라린 상처를 입은 그들은 잔존 게릴라 부대와 합류했다. 그들 모두에게 이제 그것은 처절한 생존 싸움이 었다.

회색 늑대

미 군부는 회색 늑대 조지 크룩 장군을 다시 불러들였다. 조지 크룩은, 수우족과 샤이엔족을 소탕하기 위해 애리조나 주를 떠나던 십년 전과는 전혀 다른 사람이 되어 있었다. 그가 프레트 지역에 사령관으로 근무할 때였다. 그는 그의 기병대가 휩쓸고 지나간 인디언 수용소에서 학살 당한 여자와 아이들을 보고 큰 충격에 빠졌다. 기병대는 남녀노소를 가리지 않고 죽였다. 처음으로 직업에 대한 회의와 자괴감이 밀려들었다. 최후의 생존자들이 필사적으로 탈출 길에 올랐을 때, 그들을 쫓아가서 잡으라는 명령도 떨어졌다. 말을 달리는 길을 따라 샤이엔 부족의 피가 홍건히 흐르고 있었다.

하얗게 쌓인 눈 속에는 얼어붙은 노인과 어린아이의 시신이 묘비처럼 수 킬로미터에 걸쳐 묻혀 있었다. 이 일은 크룩에게 큰 영향을 미쳤다.

그 후 크룩은 인디언을 돕는 일에 앞장섰다. 집 없는 폰카 인디언이 정착지를 찾도록 도와주었으며, '서 있는 곰'이 합법적인 '인간' 신분을 부여해 달라고 법원에 청원할 때 적극 지원하기도 했다. 그런 일을 겪으면서 그는 인디언도 사람이라는 것을 배웠다. 동료 장군들은 받아들일 수 없는 생각이었다. 특히 셔먼과 셔리던은 대놓고 크룩을 비난했다.

애리조나 주 총사령관이 된 크룩은 곧장 화이트 산 주거 지역으로 갔다. 그는 산카를로스와 아파치 요새에서 아파치족과 회의를 하고 직접 찾아다니며 얘기를 들었다. 그 과정에서 미국인에 대한 아파치의 불신이 얼마나 깊은지 알게 되었다. 그럼에도 평화를 유지하기 위해 아파치들이 놀랄 만한 인내심을 발휘하고 있다고 믿었다. 악질적인 주재관과 사기꾼 같은 교역 상인이 인디언의 식량과 물품을 중간에서 빼돌리고 있다는 사실도 밝혀졌다. 백인이 아파치의 폭력 행위를 조장하고 있다는 증거도 수집되었다. 그렇게 되면 인디언을 몰아내라는 원성이 들끓을 것이고 그 넓은 땅은 백인의 수중에 떨어질 것은 뻔한 이치였다. 크룩은 주거 지역의 환경을 개선하기 위해 노력을 기울였다. 클럼 때처럼 자체 경찰대와 재판소를 다시 설치했다. 각 부족은 반드시 요새가 아니더라도 주거 지역 어디서건 자유롭게 집을 짓고 농사를 지을 수 있게 했다. 농산물 중 남는 것은 군대에서 현금으로 구입했다. 크룩은 아파치들이 말썽 없이 자율적으로 생활한다면 군인이 주거 지역으로 들어오지 못하도록 하겠다고 약속했다. 처음 아파치족은 크룩의 말을 믿지 않았다. 그 옛날 코치스를 집요하게 추격하고 인디언들을 가혹하게 다루던 회색 늑대를 잊을 수 없었던 것이다. 그러나 그의 말이 거짓이 아니란 것이 곧 밝혀졌다. 식량 보급품은 충분히 나왔고 그들을 괴롭히던 군인들도 없어졌다. 아파치족은 서서히 평화를 찾아갔다. 적어도 주거 지역에 머무는 한 아파치족은 자유로웠다. 하지만 주거 지역 바깥은 소요가 끊이지 않았다. 애리조나 주와 뉴멕시코 주 주민은 인디언을 소탕하라고 압력을 가해 왔다. 크룩은 인디언에 대한 편견이 심각하다고 주장했다.

"지방 신문 기사의 대부분이 거짓이거나 과장이다. 이런 엉터리 기사에 대해 인디언 측은 한마디 해명도 하지 못한다. 충돌이 일어나면, 그 원인은 따지지도 않고 인디언이 저지른 행위만 일방적으로 비난받는다. 이것은 옳지 않다. 우리는 한 국민으로서 이런 상황에 대해 질책받을 일이 너무 많다. 따라서 이들을 공정하게 대우하고 백인의 침입으로부터 보호하여 마음을 풀어 주는 것이 마땅하다."

그러나 군인 신분으로 상부의 명령을 거부할 수는 없었다. 아파치족과 또다시 게릴라전을 벌인다는 것은 끔찍한 일이었다. 바위투성이 산악 지대에서 인디언을 소탕한다는 것은 사실상 불가능하다는 사실을 잘 알고 있었다. 크룩은 제로니모를 비롯한 게릴라 추장들을 싸움이 아닌 대화로 설득할 수 있다고 믿었다. 그 최적의 장소는 아파치족이 은거하고 있는 멕시코의 요새일 것이다. 크룩은 조용히 원정대를 모았다. 50명 정도의 미군 병사와 200명가량의 아파치 추격대가 꾸려졌다. 크룩은 오직 아파치만이 아파치를 추적할 수 있다는 사실을 알고 있었다. 험준한 산악 지대를 견뎌내고 미군이 발길을 돌리지 않을 수 없는 곳에서 계속 전진할 수 있는 종족은 아파치밖에 없었다.

투항

검푸른 녹음이 드는 달1883년 5월, 제로니모는 부족민의 식량 문제를 해결하기 위해 멕시코 농장을 습격해 가축을 약탈했다. 곧 멕시코 군이 추격해 왔다. 그러나 매복 작전으로 오히려 그들에게 치명적인 손실을 입혔다. 제로니모 측의 피해는 없었다. 그들은 유유히 근거지로 돌아왔다. 그런데 뜻밖의 사태가 기다리고 있었다. 회색 늑대가 근거지를 점거하고 부녀자와 어린아이를 몽땅 포로로 붙들어 두고 있었던 것이다.

크룩의 작전은 성공이었다. 크룩은 인디언들에게 가족이 어떤 의미인지 잘 알고 있었다. 가족을 볼모로 잡고 있는 한 인디언들의 저항은 한계에 부딪힐 것이 뻔했다. 제로니모와 전사들은 산기슭으로 내려가 크룩의 막사로 들어갔다. 두 사람은 세 체례에 걸친 오랜 회담 끝에 합의에 도달했다.

"나는 그대의 무기를 빼앗지 않겠소. 그대를 전혀 두려워하지 않으니까."

제로니모는 크룩의 단도직입적인 태도에 호감이 갔다. 제로니모도 자신의 처지를 털어놓았다.

"나는 언제나 평화를 원했소. 나도 싸우는 것에 지쳤소. 나를 이렇게 만든 것은 백인들의 부당한 대우 때문이오."

크룩은 제로니모의 말에 공감했다. 그러나 이번에는 주재소가 아니라 동쪽 플로리다 주에 있는 포로수용소로 이송될 것이라고 솔직하게 털어놓았다.

"도대체 얼마나 감금되어 있어야 한단 말이오."

"적어도 2년은 갇혀 있어야 될 것이오."

"좋소. 내가 그 제안을 받아들인다면 2년이 지난 뒤에는 주거 지역으로 돌아와 나의 부족민들과 함께 있게 해 주시오. 그것은 사슴을 죽일 때 그 모든 부분이 한 몸이듯 치리카우아족도 그와 똑같기 때문이오."

제로니모의 주장은 타당해 보였다. 그런 조건으로라도 투항을 시키는 것이 낫다고 워싱턴을 설득시킬 수 있을 것 같았다. 크룩은 그 제안을 받아들였다.

크룩은 하루 이틀 내에 애리조나 주로 출발해야 한다고 말했다. 그러자 제로니모는 크룩이 정말 자기를 믿는지 시험해 보고 싶은 마음이 생겼다.

"나는 치리카우아족의 남자와 여자, 아이 할 것 없이 마지막 한 사람이 모일 때까지 여기에 남아 있겠소"

그는 산중에 흩어져 있는 부족을 모두 모이게 하는 데 여러 달이 걸릴 거라고 말했다. 놀랍게도 크룩은 이 제안을 받아들였다. 크룩의 부대는 북쪽으로 떠났다. 251명의 아녀자와 124명의 전사들이 그 뒤를 따랐다. 제로니모와 나이치를 빼놓고는 모든 전투 추장이 끼어 있었다. 그로부터 여덟 달이 지나갔다. 이번에는 크룩이 놀랄 차례였다. 약속대로 제로니모와 나이치가 국경을 넘어 나타난 것이다. 그러나 회색 늑대 크룩은 제로니모에게 지킬 수 없는 약속을 하고 말았다. 크룩은 즉시 국방부로 전보를 쳐서 제로니모의 투항 조건을 보고했다. 그러나 실망스럽게도 내려온 답전은 '2년 후, 주거 지역으로 보낸다는 조건으로는 적대자의 투항을 받아들일 수 없다'는 것이었다. 더욱 치명적인 것은 보위 요새까지 거의 다 왔던 제로니모와 나이치가 부족을 이끌고 부대를 탈주했다는 소식이었다. 제로니모 일행과 마주친 상인들이 이번에는 반드시 목을 매달고 말 것이라며 아무렇게나 지껄여 댄 소리를 제로니모가 들은 것이다. 미군의 배신에 신물이 나 있던 제로니모에게는 그 말이 훨씬 신빙성 있게 들렸던 것이다. 제로니모가 다시 도망갔다는 보고를 받은 국방부는 불같이 화를 냈다. 특히 크룩의 직속 상관 필립 셔리던의 분노는 극에 달했다. 애초에 인디언들을 인간으로 대하지 않은 잘못과 허락하지도 않은 투항 조건에 동의한 책임을 지라며 다그쳤다. 크룩은 즉시 사임했다. 대신 더 큰 공을 세우고 싶어 안달하는 곰외투 넬슨 마일즈 준장이 신임 애리조나 주 사령관이 되었다. 제로니모는 곰외투 마일즈에게 투항했다. 아무것도 한 일 없는 마일즈는 순식간에 영웅이 되었다.

1886년 4월에 취임한 그는 제로니모 일당을 땅끝까지 뒤쫓으라는 명령을 받았다. 마일즈는 대규모 추격대를 파견했다. '생포하지 말고 발견 즉시 사살해 버려라' 라는 명령과 함께. '적을 대접해 주는 일은 다시는 없을 것이다' 라는 것이 그의 생각이었고 미국의 생각이었다.

제로니모 일행은 시에라 마더의 협곡에서 포위당했다. 그는 24명의 전사와 함께였다. 너덜너덜한 넝마 차림의 그들은 굶주림에 지친 행색이었다. 여름 내내 그들은 수천 명의 멕시코 군인들에게 추격을 당하고 있었다. 그들을 찾아낸 이들은 두 명의 아파치 정찰병이었다. 초코넨 아파치족 출신 카이이타와 네드니 아파치족 출신의 마틴이었다.

"마일즈 장군이 당신을 만나고 싶어 하오."

"나는 그 사람과 만나서 할 말이 없다. 우리는 마지막 한 명의 전사가 남을 때까지 싸우다 죽을 것이다."

제로니모는 단호하게 말했다. 그러나 무기도 거의 없이 굶주린 그들의 저항 의지는 이미 꺾인 상태였다.

"지금 수천 명의 미군이 뒤를 쫓고 있소."

"그래서 나에게 항복하라는 말이냐?"

"그런 말을 하지는 않았소."

제로니모는 잠시 생각하다가 마일즈에 대해 물었다.

"마일즈는 어떤 사람이냐? 목소리는 듣기 좋은가? 친절한 사람인가? 말할 때 상대방의 눈을 쳐다보는가, 아니면 땅을 내려 보는가? 약속을 잘 지키는 사람인가?"

제로니모의 말을 가만히 듣고 있던 마틴이 조용히 말했다.

"나라면 마일즈 장군을 믿고 그의 말에 따를 것이오."

제로니모는 마일즈와 만났다. 그는 자신이 당한 부당한 일에 대해 설명하고, 포로로 잡혀 떨어져 있는 가족들과 만나고 싶으므로 부족민을 데리고 돌아가고 싶다고 말했다.

"당신과 대화를 하도록 대통령께서 나를 보냈소. 대통령은 당신이 몇 가지 조건을 받아들인다면 더 이상 말썽이 없을 것이라고 말씀하셨소. 당신이 동의한다면 모든 것이 만족스럽게 주선될 것이오."

제로니모는 마일즈에게 믿음이 가지 않았다. 그러나 마일즈가 대통령의 전언을 가지고 있었기 때문에 조약을 맺기로 했다. 제로니모는 조약 내용에 대해 물었다.

"나는 당신을 정부의 보호 아래 두겠소. 집을 지어 주고 당신의 땅에 울타리를 쳐 주고 소와 말, 노새와 농기구를 주겠소. 당신이 일할 필요가 없도록 농장을 경영할 사람들을 배당해 주겠소. 가을에는 담요와 옷을 보내 주고 겨울에 추위 때문에 고생하지 않도록 해 주겠소. 당신이 가게 될 땅은 숲과 물과 초원이 풍족한 곳이오. 당신은 가족과 더불어 부족민들과 함께 살게 될 것이오. 이 조약에 동의하기만 한다면 당신은 닷새 이내에 가족을 만나게 될 것이오."

제로니모는 그래도 믿을 수가 없었다.

"장교들은 모두 그런 식으로 말해왔소. 나는 당신 말이 별로 믿기지 않소."

마일즈는 힘주어 말했다.

"이번에는 진실이오."

"장군, 나는 백인의 법을 모르고 당신이 나를 보낼 새 땅의 법도 모르오. 나는 그들의 법을 깨뜨리게 될지도 모르겠소."

"내가 살아 있는 한 당신은 체포되지 않을 것이오."

제로니모는 마침내 조약을 맺는데 동의했다. 마일즈 장군과 제로니모는 미군과 아파치 전사들 한가운데 섰다. 담요 위에는 커다란 돌을 올려놓았다.

"우리의 조약은 이 돌에 의해 맺어졌소. 이 돌이 부스러져 먼지가 될 때까지 지속될 것이오."

제로니모와 마일즈가 손을 맞잡았다. 마일즈도 대꾸했다.

"형제여, 이제 살인이나 보복에 대한 생각은 마음속에서 몰아내고 평화로운 마음을 지니기를 바라오."

제로니모는 그의 말을 받아들이고 무기를 내주며 말했다.

"나를 당신에게 넘깁니다. 한때 나는 바람처럼 떠돌아다녔소. 이제 당신에게 투항합니다. 이게 다요."

제로니모의 투항 연설은 간단했다.

제로니모는 곧바로 기차에 태워졌다. 남부 태평양 철도를 달려 샌안토니오에 도착한 그는 백인들의 법에 따라 재판을 받기 위해 감옥에 갇혔다.

워싱턴의 큰 아버지 그로버 클리블랜드는 제로니모를 당장 교수형에 처하라고 명령했다. 마일즈가 '목숨을 건 장기간의 접전 끝에 제로니모를 생포했다'고 보고했던 것이다. 그러나 명예를 존중하는 장교들이 제로니모의 항복 조건과 조약 내용을 폭로했다. 제로니모에 대한 과장된 신문 기사를 철썩같이 믿고 있던 클리블랜드 대통령은 제로니모를 목매달지 못해 통탄해 했지만 교수형을 철회

하지 않을 수 없었다. 이런 상황에서 마일즈와 맺은 조약 따위는 거론될 여지도 없었다.

제로니모와 그의 부족들은 플로리다 주 마리온 요새에 수감되었다. 유형의 세월은 아무런 기약도 없이 흘러갔다. 치리카우아족은 그들과 한 약속을 상기시키며 수없이 간청했지만 고향으로 돌아가지 못했다. 적대적인 아파치족 뿐만 아니라 크룩을 위해 일했던 정찰병들과 우호적인 아파치족까지 플로리다로 이송되었다. 제로니모의 은거지를 발견했던 아파치 정찰병 마틴과 카이이타도 그들에게 약속된 말 열 마리를 받기는커녕 플로리다로 송환되어 수감되었다. 치리카우아족은 멸족되기에 마땅한 부족이었다. 백인에게 너무나 필사적으로 저항했기 때문이었다.

아파치는 그들이 태어난 높고 건조한 땅과는 다른 덥고 습기 찬 땅에서 중노동과 결핵에 시달리며 하나하나 죽어 가고 있었다. 플로리다 주와 앨라배마 주에 감금된 뒤에 치리카우아족의 사분의 일 이상이 결핵과 말라리아, 그리고 절망감으로 죽어 갔다. 워싱턴의 인디언 관리국은 인디언 아이들을 펜실베니아의 칼라일에 있는 학교로 보냈다. 그곳에서 50명이 넘는 아이들이 죽었다. 아이들을 빼앗기지 않으려는 아파치 어머니와 관리 사이에 눈물겨운 실랑이가 벌어졌다.

회색 늑대 크룩이 인디언 관리국에 제동을 걸고 나섰다.

"어떤 명분으로도 그곳은 아파치들에게 치명적이다. 아파치는 아이들과 가족을 대단히 소중하게 여긴다. 이들은 아이들을 빼앗길까 봐 하루하루를 공포 속에서 살아간다."

크룩은 아파치들이 고향으로 돌아갈 수 있도록 힘을 썼다. 하지만 애리조나 주 시민들은 몇몇 다른 부족은 받아 주면서 제로니모와 치리카우아족만은 결사적으로 막았다.

아파치들의 눈물겨운 상황을 전해 들은 다른 부족들의 지원이 잇달았다. 노스 캐롤라이나의 체로키족이 그들이 가진 쥐꼬리만한 식량과 옷가지를 함께 나누겠다고 보내왔다. 아파치들의 오랜 숙적인 코만치족은 이들의 비인간적인 삶을 슬퍼하며 자신들의 보호구역에서 함께 살자고 제안했다. 이것이 받아들여져 1894년, 아파치 부족은 오클라호마 주의 실 요새로 옮겨졌다.

이나마라도 상황이 개선될 수 있었던 것은 조지 크룩의 헌신적인 노력 덕분이었다. 덕분에 워싱턴에 그의 적은 더욱 많아졌다. 크룩은 여생을 아파치들을 돕는 데 바쳤다. 존 클럼을 비롯한 헌신적인 백인 남녀들도 이 노력에 동참했다. 그러나 크룩은 아파치들이 오클라호마 주로 이주하는 모습은 볼 수 없었다. 그는 1890년 3월 심장마비로 죽었다.

1909년 2월 17일, 제로니모는 여전히 포로인 몸으로 죽었다. 죽기 직전, 그는 자신의 애마에 안장을 얹어서 한 나무에 묶어 놓으라고 유언했다. 어둠의 육신을 벗고 나서 3일 후, 그 말을 데리러 오겠노라고 말했다. 하지만 사람들은 그렇게 하지 않았다. 그는 실 요새 근처의 아파치 묘역에 묻혔다. 전설에 의하면 매장된 지 얼마 안 돼 그의 유해는 비밀리에 남서쪽으로 옮겨졌다고 한다. 개중에 는 제로니모가 늘 말하던, 아파치들의 높은 분지로 갔다고 말하는 이들도 있다.

제로니모는 아파치 최후의 추장이었다.

이 글을 쓰는 내내 나는 참담한 슬픔에 빠져 있었다.

사람이 사람을 그렇게 무작스럽게 죽일 수 있다는 것에 대해 할 말을 잃었다. 그것도 아무런 원한이나 증오도 없이……. 그것은 전쟁도 아니었다. 일방적인 찬탈과 살육이었다. 한 오라기의 죄의 식도 없었다. 백주대낮의 살인강도와 무엇이 다른가.

얼굴이 흰 사람의 마음을 움직이는 가치 기준은 오직 황금뿐이 었다. 영성이 무엇인지 대지 자연의 의미가 무엇인지 알지도 못했 고 알려고 하지도 않았다.

그리고 그들은 세계 최강대국이 되었다.

이것은 농담인가, 역설인가.

이 글을 쓰는 내내 나는 큰 그리움에 빠져 있었다.

내 좁은 소견이겠지만, 나는 인디언보다 영적인 종족을 알지 못 한다. 그들은 자신의 발걸음으로 인해 피해를 볼지 모를 다른 생명체에게 '나를 용서하소서'란 기도로 하루를 시작한다. 세상의 모든 것은 하나로 연결되어 있으며, 우리가 삶의 거미줄을 짜는 것이 아니라 인간 역시 한 올의 거미줄에 불과하며 거미줄에 가하는 행동은 반드시 자신에게 돌아오게 마련이라는 것을 그들은 알고 있었다. 그리하여 그들이 가장 바라는 것은, 오직 자기 자신이 되는 것이다. 그들을 가장 갈급하게 만드는 것이 있다면, 자연 속에서 자신을 돌아보고 숲과 들판을 홀로 거닐며 마음을 침묵과 빛으로 가득 채우는 것이었다.

이 글을 쓰는 내내 나는 크나큰 상실감에 빠져 있었다.

인디언의 학살은 단순히 한 종족의 말살이 아니었다. 그들을 잃어버린 것은 인류 전체의 손실이며 돌이킬 수 없는 과오이다. 아이러니하게도 나는 역사 속으로 사라져 간 인디언에게서 오염되고 타락한 세상을 정화할 가느다란 희망의 빛 한 줄기를 보았다. 그 어떤 종족보다 대지 자연과 가까웠던 인디언의 영혼은 어쩌면 이 세상 전체에 녹아 있는지도 모른다. 우리가 바람 소리에 귀 기울이고 숲의 침묵과 신비에 나도 모르게 이끌리는 것은 그런 이유 때문은 아닐까.

제로니모를 선뜻 쓰겠다고 한 것은, 순전히 포레스트 카터의 《내 영혼이 따뜻했던 날들》에 매혹된 때문이었다. 그에 관한 자료가 너무나 부족한 상태에서도 이 작업을 밀어붙였던 것은 청소년들에게 제로니모를 소개하고 싶다는 열망 때문이었다. 그리고 조금만 더 일찍 인디언에 대해 알았다면, 하는 나의 안타까움과 혹시라도 다시 태어나야 한다면 한 이삼백 년쯤 거슬러 올라가 인디언으로 태어나고 싶다는 바람 때문이었다. 어쨌든 열악한 상태에서 아파치들의 문화 생활상 등은 카터의 동명 소설 《제로니모》에서, 인디언 학살 사료는 《나를 운디드 니에 묻어주오》에서, 아파치들의 대화는 《나는 왜 너가 아니고 나인가》의 주옥 같은 어록에 빚진 것이 많다.

제로니모 연보

1829년 ▶ 6월 미국 애리조나 주에서 아파치족의 지파인 베돈코에 아
파치족으로 태어남. 인디언식 이름은 고야슬레이^{하품하는} ^{사람}임.

1848년 ▶ 전사 회의에 소속됨. 알로페와 결혼함.

1858년 ▶ 카스키예에서 멕시코 군에게 어머니와 아내, 어린 세 딸, 일
가족이 몰살 당함.

1859년 ▶ 카스키예 전투를 승리로 이끈 후, 제로니모란 이름을 얻음.
이후 매년 두세 차례씩 쉬지 않고 게릴라전을 벌임.

1861년 ▶ 코치스^{초코넨 아파치 추장, 베돈코에 아파치 추장 망가스 콜로라도의 사위}
전쟁 발발. 코치스 전쟁에 합류하면서 백인과의 전투를 시작함.
미국 남북 전쟁 발발함.

1863년 ▶ 아파치족 대추장 망가스 콜로라도가 회담을 미끼로 체포된
후 살해됨. 이후 초코넨족과 베돈코에족은 합류하여 치리카우
아족으로 불리게 됨. 백인과의 결사 항전에 돌입함.

1871년 ▶ 조지 크룩이 애리조나 주 사령관으로 부임함. 인디언 담당관 엘리스 파커, 아파치 대추장 코치스를 워싱턴으로 초청하나 코치스의 거절로 회담이 이루어지지 않음.

1872년 ▶ 오티스 하워드 장군과 코치스의 회담이 이루어짐. 코치스의 고향을 주거 지역으로 결정하고 이주함.

1874년 ▶ 코치스가 병으로 사망함.

1876년 ▶ 치리카우아족을 다시 산카를로스 주재소로 이주시키라는 전문이 내려옴. 저항하는 부족민들을 모아 멕시코로 탈출함. 웜스프링 아파치 족빅토리오 추장과 합류함.

1877년 ▶ 제로니모와 빅토리오가 회담장에서 체포됨. 제로니모는 군법 회의에 회부되어 재판받음. 빅토리오는 부족민을 이끌고 산카를로스로 이주 감.

1879년 ▶ 빅토리오에게 말 도둑과 살인자라는 죄명을 씌워 체포하려
      . 하자 탈주함. 빅토리오는 미국에게 영원한 전쟁을 선포함.

1880년 ▶ 미군과 멕시코 협동 작전에서 빅토리오를 포함한 78명의 전사가 사망함.

1881년 ▶ 감금되어 있던 제로니모가 탈출함.

1883년 ▶ 조지 크룩이 제로니모의 은거지를 점거함. 회담 후에 제로니모는 투항을 약속하나 자신을 사형시킬 거라는 헛소문을 듣고 다시 탈주함.

1886년 ▶ 9월 4일 제로니모 투항함. 플로리다 요새에 감금당함.

1894년 ▶ 오클라호마의 실 요새로 이송됨.

1909년 ▶ 실 요새에서 사망함.